パンにまつわることばを
イラストと豆知識でおいしく読み解く

pango jiten

パン語辞典 第2版

著 ぱんとたまねぎ
監修 荻山和也

誠文堂新光社

はじめに

朝食はごはんですか？　パンですか？
わたしは毎日パンを食べています。
朝、昼、晩、パンということもしばしばで、
パンに始まりパンに終わる1日。
わたしの1日はパンに支えられていると思います。
なぜこんなにも虜になってしまうのでしょうか。
粉と水をこねて、ふくらんだ生地を焼くと
パンはできあがります。
簡単で身近な存在かと思いきや、実はあなどれない。
“パン”ということばはひとつでも、その捉え方や製法、
種類はさまざまで、考えはじめるときりがないパン。
そんな摩訶不思議なパンのことを考えているだけでワクワク、
パンという名前をみつけるだけでドキドキします。
食べものなのに、「おいしい」ということば以上の何かが
たくさん潜んでいるのです。
この辞典はそんなパン好きの方におくる本。
パンの種類や歴史などの基本的な情報に加え、
食べるだけのパンではなく
パンに関わるあらゆることばを集めました。
どうぞ肩ひじをはらず、
そっと開いてパンの世界を楽しんでください。

この本の見方と楽しみ方

『ことばの見方』

50音順に「パンの種類」「道具」「お店」などのパンにまつわることばを配列しています。

［例］

イギリスパン【english bread】  ④

① 型にふたをせずに焼くので、上部がふくれてこのような山型になります。薄～く切ってカリカリにトーストし、バターをたっぷり塗って食べるのがイギリス流。なんとも上品です。あっさりした味わいなのでサンドウィッチにもちょうど良いパン。どっしりとした食パンが好みの方にはちょっぴり物足りないかもしれません。㊮山型食パン、ティンブレッド（「ティン」という型を用いるため）
㊯角型食パン

②

むしぱん【蒸しパン】

③

①小麦粉、砂糖、水、重曹（ベーキングパウダー）を混ぜて蒸し器で蒸したパン。鎖国時代でも唐人との交流は続いていた長崎では、小麦粉に甘酒を加えて作る唐風蒸しパンを盛んに作っていたようです。②三重県『月の温』が作る蒸しパンは、“ひとつのものをみんなで分け合って食べる”という意味で、大きな丸い蒸しパンを8等分して販売しています。この考えはコンパニオン［→P76］にもつながるのだと思います。

ⓘ月の温 ｜ http://tsukinoon.petit.cc

① 読み方（名称）

ひらがな、もしくはカタカナで表記しています。

② 漢字・英語表記

名称がひらがなの場合は漢字で、カタカナの場合は英語（もしくはその他の言語）で記載しています。

③ ことばの意味

ひとつの読み方で複数の意味がある場合は、番号で分けそれぞれの意味を記載しています。

④ 国旗

パン名の横にある国旗は以下の国のパンであることを表しています。

記号の意味

㊮…… 類義語
（同じ意味をもつことば）

㊯…… 反意語
（反対の意味をもつことば）

ⓘ…… 店舗、人物の
インフォメーション先

㊐…… 商品、製品、企業の
問い合せ先

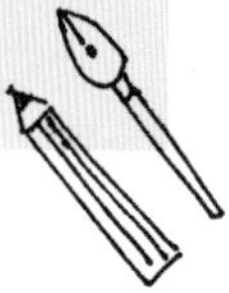

アイルランド　アメリカ　イギリス　イタリア　インド　オーストラリア　オーストリア　オランダ
スイス　スウェーデン　スコットランド　スペイン　中国　デンマーク　ドイツ　トルコ
フィンランド　ブラジル　フランス　ベトナム　ポルトガル　メキシコ　ロシア

＊国旗はパンと一部のお菓子の名称のみに入れています
＊日本のパンとお菓子には国旗を入れていません

『読み解き方』

わからないことばや、知りたいことばがあれば
その頭文字から該当のページを探してみてください。
実用的なものから豆知識まで幅広く揃っています。

1 パンの知識を深める

あなたの好きなパンを探して、パンの知識を深めましょう。足りない部分や自分なりの見解をさらに追加すると、最終的にはあなたならではの辞典ができあがります。

2 「食べる」以外のパンの楽しみを味わう

この本には、食べられるパン以外にも"パン"のつくことばが多数収録されています。パンをさまざまな角度から見てみましょう。新たな発見があるかもしれません。

3 自由に楽しむ

日々のパンに接する時のように、自由に本とふれあってください。起き抜けに一読、食後のコーヒーと共に、知識を披露する、会話のネタに、寝る前にパラリと、鞄にしのばせて、パンの絵を描いてみる、旅に出てみる……など。

『国別インデックスの使い方』

本書の巻末[→P172]にパンを国別に分けたページを設けました。
世界中で食されているパンを分類し、早引きしやすくまとめています。
「このパンはどこの国のパンだろう？」と思ったら
こちらから探してみてください。

目次 CONTENTS

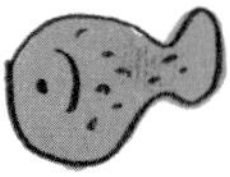

た行

な行

は行

ま行

や行

ら行

わ行

パンコラム

パンのあれこれ
基礎知識

パンの歴史

～パンはどこから来たの？～

毎日食べるパン、生活に欠かせない
存在になったパン。
この“パン”という食べ物は
いつどこで生まれて
発展してきたのでしょうか。
その歴史をひもといてみましょう。

こねた生地を
おきっぱなしにして
寝てしまいました
つかれた……
zzz
…
翌朝…
ごろっと…
なんか大きくなってる
オヤ
空気中の酵母によって
生地が発酵して
いたのです
焼いてみよう!!
ジュッ
パクリ
う…うんまい!!
偶然
発酵パン
の誕生
ピラミッドを作ったエジプトの人達は
パン作りにも熱心でした。
でも、パンの作り方を他の地域の人には
秘密にしていました
私達だけのもの
ケチ!!
色々な種類のパンを作りました
しかしやがて、
エジプトはギリシャに
占領されてしまいます
ひっ
うお
BC1000年
ギリシャ
奴隷として連れていかれた
エジプトのパン職人によって
パン作りはギリシャに伝わります
いやだなー
おしえなさいよ
ブドウの産地でもあったギリシャでは、
ワインの作り方を活かして
それをパン作りにも応用しました
これを粉にまぜてみよう
ブドウ液
おいしそう
いいじゃん!
しかし次は…
BC300年
ギリシャに代わりローマが征
服。ギリシャの奴隷によって
パンが焼かれます
この光景どこかで…
この頃のパン作りには
大いなる進歩が
みられました
粉を細かく挽ける
臼(うす)
パン学校の
設立
戦争の兵士用
パンの開発
パン焼き
窯の発明
パン組合もできる

そして
古代ローマ帝国
滅亡
5～15世紀
ヨーロッパ各地は
暗黒の時代に
なにが…
なに!?
中世ヨーロッパ
製粉とパンを焼く権利が
教会や修道院だけになってしまい、
料金を払ってパン焼き窯を
借りなくてはならず、市民は
まとめてパンを焼いていました
うーん
困るなあ
パンは
神聖なもの
なのです
キリスト教の人
そんな時
明るい光が…
14世紀からの
ルネサンスー!
ルネサンス
イタリアを
中心におこった
復興運動
16世紀
ルイ13世の母
イタリアのメディチ家の姫が
フランスのアンリ4世に嫁いだ時、
パン職人をひき連れて
きました
きなさい
おいしいパンを
作るのよ
えー
そこでイタリアのパンが
フランスに伝わり
今のフランスパンの
基本が作られ始めます
イタリー
フランス
リーンな
配合の
パンです
同時期にオーストリアから
フランスにクロワッサンが
伝わります
私の
おかげ?
マリー
アントワネット
その頃
ドイツでは
寒冷地の栽培に向く
ライ麦を使ったドイツパン
を食べていました
ずっしり
その頃
イギリスでは
質のよい小麦を使い大型の
型焼きパンを焼いていました
英国風
パン発展のルート
そして、
15～17世紀の
大航海時代を
むかえます
パーン
ギリシャ
黒海
アテネ
ローマ
地中海
イタリア
カイロ
エジプト
バビロニア
メソポタミア
(発祥の地)
ヨーロッパの人々は海外に
向けて進出していきました。
これが世界中にパンを広める
きっかけになりましたとさ
パンってなに?
しらん

日本の歴史
1543年ポルトガル人
が長崎に漂着
だれか
すみませーん
宣教師達によって
西洋文化が日本に
伝えられます
これは
paõと
(パン)いいます
パン伝来
新しいもの好きの
織田信長さんも
パンを好んで食べました
かたいパン
ビスコートと
いうものを
食べたぞよ
*ビスケットのこと
日本にパン
文化が広がる
かのように
みえた…
その時!
1639年
鎖国
SAKOKU
パンはあっけなく姿を消し
長崎のオランダ屋敷でほそぼそと
作られるだけになりました
和蘭陀
しーん
パンはどこへ
いってしまうのか…
気をとり
なおして
幕末
1840年
アヘン戦争
勃発
日本に
攻めてくるかも〜!と
人々は焦っている中…
兵隊用の食糧について
考える人あり
持ち歩くために
保存性がよくて
日持ちのするものが
いいよな
ブツ
ブツ
ブツ
ブツ
この人こそ
江川太郎左衛門《ざえもん》
英龍《ひでたつ》さん
日本に
パンを復活
させたパン祖
ごはんを
戦場で炊くと煙が
出て敵に見つかる
かもしれない。
でもパンは
まとめて焼いて
持っておける
ブツ
ブツ
と、兵隊食について
熱心に開発を
続けていました
大砲を作り出す
反射炉も開発
伊豆の
代官
えらい人
うーん
そして1842年4月12日
パン焼き窯を作り、
ついにパンを焼き始めました
(日本で初めてパンが焼かれた日)。
このことから、毎年4月12日は「パンの日」
と定められイベントが開催されたり
パンのセールも行われたり
しています
パンの日

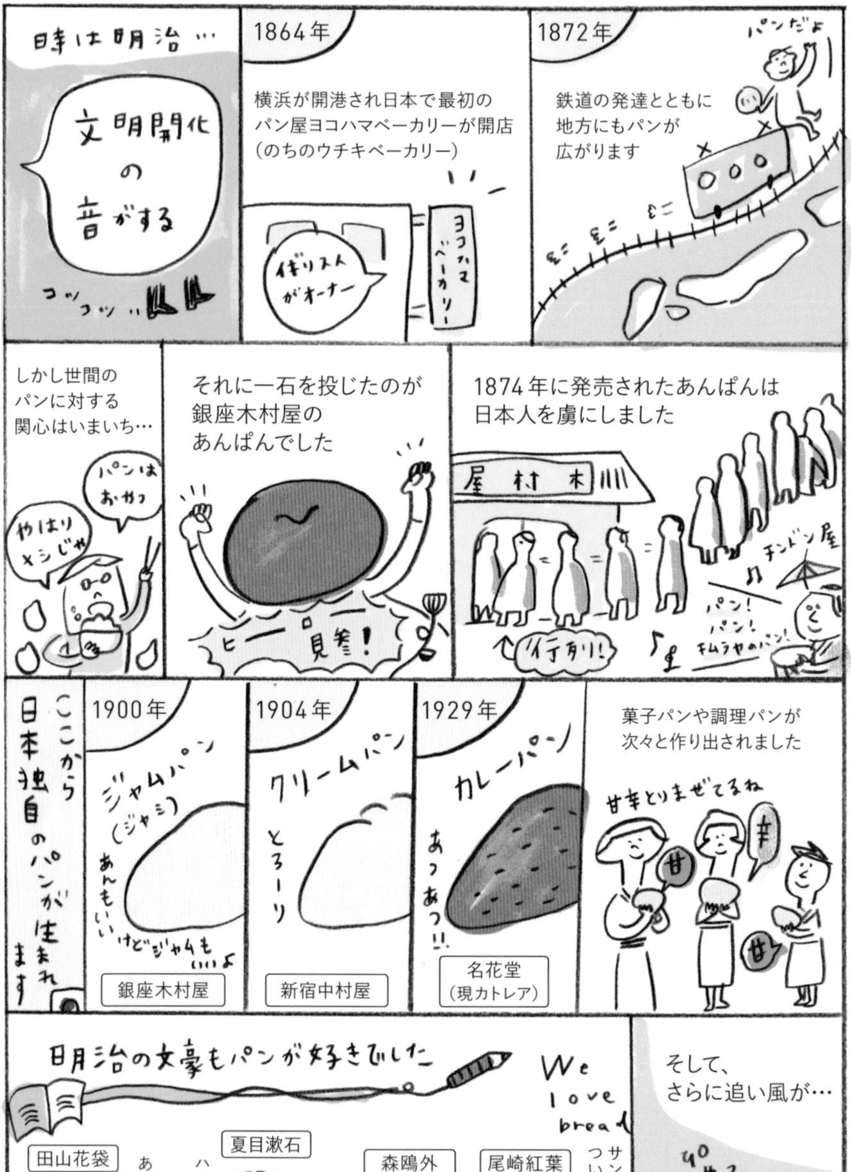
時は明治…
文明開化の音がする
コツコツ
1864年
横浜が開港され日本で最初のパン屋ヨコハマベーカリーが開店（のちのウチキベーカリー）
ヨコハマベーカリー
イギリス人がオーナー
1872年
鉄道の発達とともに地方にもパンが広がります
パンだよ
しかし世間のパンに対する関心はいまいち…
パンはおやつ
やはりメシじゃ
それに一石を投じたのが銀座木村屋のあんぱんでした
ヒーロー見参！
1874年に発売されたあんぱんは日本人を虜にしました
木村屋
行列！
チンドン屋
パン！パン！キムラヤのパン！
ここから日本独自のパンが生まれます
1900年
ジャムパン（ジャミ）
あんもいいけどジャムもいいよ
銀座木村屋
1904年
クリームパン
とろーり
新宿中村屋
1929年
カレーパン
あつあつ!!
名花堂（現カトレア）
菓子パンや調理パンが次々と作り出されました
甘辛とりまぜてるね
甘
辛
甘
明治の文豪もパンが好きでした
We love bread
田山花袋
あんぱん好き
夏目漱石
ハイカラ好き
森鴎外
大の甘党あんぱん好き
尾崎紅葉
サンドウィッチについて書いた文章あり
そして、さらに追い風が…
ぴゅるりー
ん!?

1913年
アメリカでイーストの
勉強をした
田辺玄平さんが
国産イーストの
生産に成功
玄米と小麦を混ぜて
蒸した玄米パンが
人気になりました
玄米パンの
ほやー
ほやー
と、平和も束の間
第二次世界大戦勃発。
パン作りは中断
1945年
終戦後…
食糧難の時代を
むかえます
おなかすいたー
ぐぃ
ぐぃ
アメリカからの
輸入小麦を使い、
コッペパンを
作りはじめます
この頃学校給食もはじまる
パンの給食も普及し
日本のパン食が
本格的にスタート
1954年
from
フランス
国立製パン学校教授
フランスパンの神様とされる
レイモン・カルヴェルさん来日。
バゲットの講習会を開きます
Oh no!
なんだなんだ
このパンは！
パン職人もびっくり
1966年
ドンク南青山店がオープン。
フランスパンブームが
おこります
ビゴさんをむかえて
おしゃれの象徴
フランスパンをもって
まちを闊歩するのさ
そして現在
パン屋さんもふえたよねー
パンが誕生してから約1万年。
日本にパンが伝わってから約450年。
その歴史背景とともにパンは様々な
変化をとげてきました。
いつも食べているパンは
どこから来たのかわかりましたか？
メソポタミアの人が
おかゆをこぼしていなかったら
パンは今どこにいるのでしょう
fin.

パンを作る材料

おいしいパンを作る基本の材料は、いたってシンプル。
主材料をメインにパンの幹を形づくり、
それに副材料を加えてオリジナルのパンを作ります。

『主材料』

粉類　　　　　　　　　　　　塩

強力粉　ライ麦粉　全粒粉など

パン酵母　　　　　　　　　　水

イースト　ブドウ酵母　サワー種　ルヴァン種など

『副材料』

砂糖類　　　　乳製品

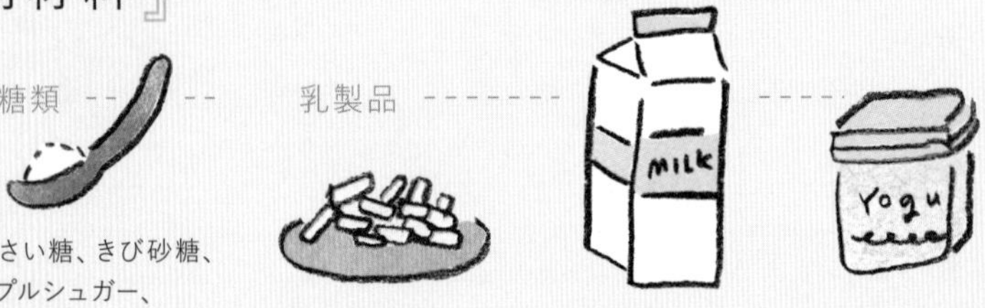

てんさい糖、きび砂糖、
メープルシュガー、
ビートグラニュー糖など

チーズ　牛乳　ヨーグルト

油脂類

発酵無塩バター　オリーブオイル　ショートニングなど

ナッツ・シード類
くるみ
ヘーゼルナッツ
カシューナッツ
アーモンド
かぼちゃの種
ペカンナッツ
オリーブ
くり
ココナッツ
ピスタチオ
フルーツ類
白いちじく
チェリー
伊予柑ピール
バナナチップ
クランベリー
カレンズ
サルタナレーズン
グリーンレーズン
黒いちじく
野菜類
たまねぎ
かぼちゃ
さつまいも
にんじん
じゃがいも
ハーブ・スパイス類
けしの実
ごま
ローズマリー
しょうが
バジル
シナモン
こしょう
クミン
その他
豆乳
豆腐
アーモンドプードル
チョコチップ
豆類
枝豆
あずき
メープルシロップ
コーン
たまご

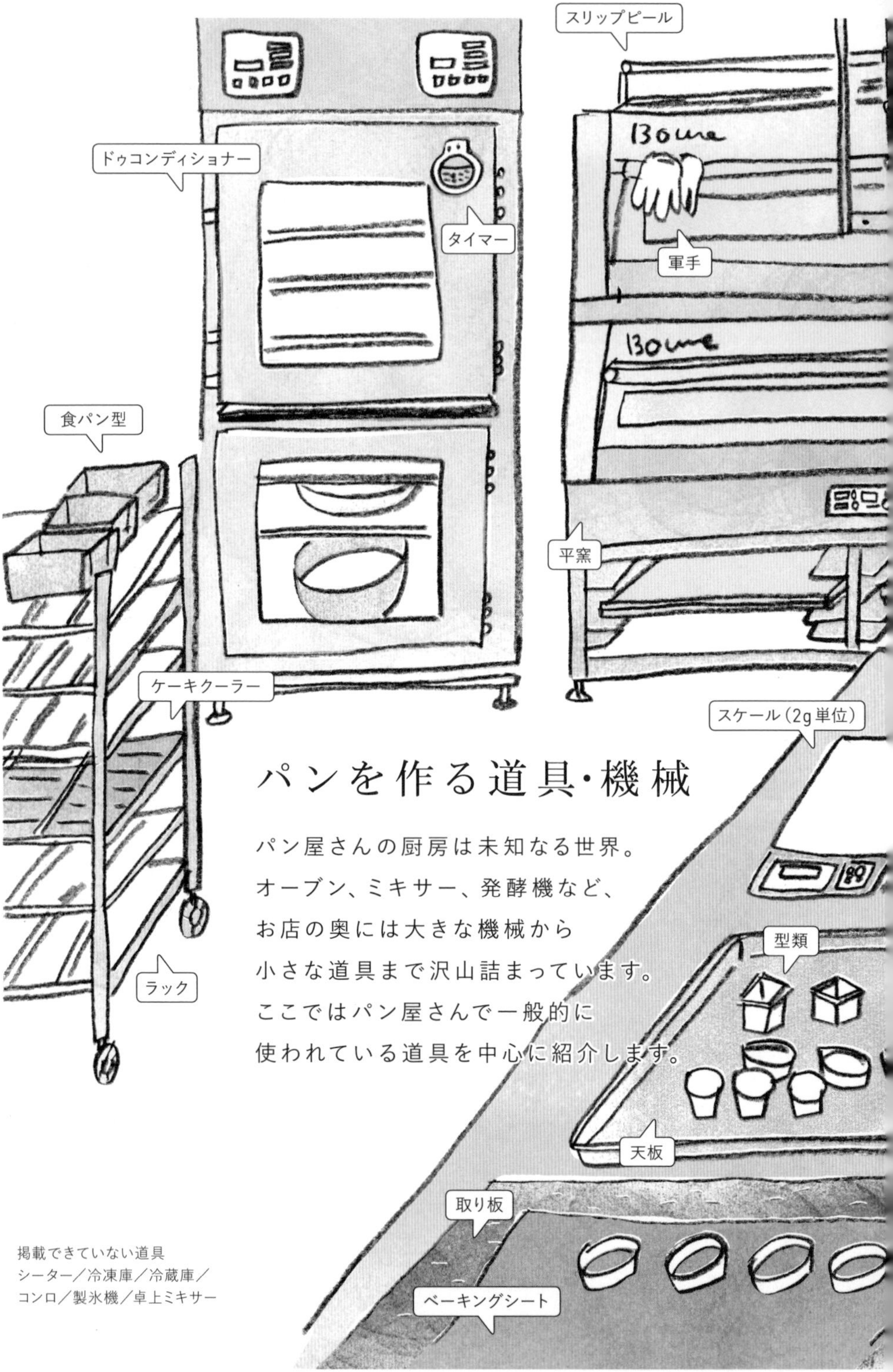

パンを作る道具・機械

パン屋さんの厨房は未知なる世界。
オーブン、ミキサー、発酵機など、
お店の奥には大きな機械から
小さな道具まで沢山詰まっています。
ここではパン屋さんで一般的に
使われている道具を中心に紹介します。

掲載できていない道具
シーター／冷凍庫／冷蔵庫／
コンロ／製氷機／卓上ミキサー

材料保存容器
（タッパー）
キッチンポット
ミキサー
材料保存容器
（ホーロー）
コンベクション
オーブン
ボール類
棹はかり
ゴムベラ
温度計
スケール
（0.1g単位）
のし棒（大）
スケッパー
泡立て器
霧吹き
アルコール液
のし棒（中）
カード
あんべら
茶こし
パン切りナイフ
トング
計量カップ
クープナイフ
ふるい
刷毛
番重
しぼり袋
ラップ
キャンバスシート
鍋類

パンの作り方 町のパン屋さん編

朝日が昇る前、人々がまだ眠っている深夜からパン屋さんの1日は始まります。仕込みから始まり焼き上がる数時間のうちに、お店はたくさんのパンで彩られていきます。その中から基本的な食パンの作り方について教えていただきました。

『材料と製法』

材料

・強力粉
（食パンによってはライ麦や
全粒粉も混ぜる）
・老麺*……発酵種
（前日のパン生地）
・油脂（バター、ショートニング）
・砂糖
・塩
・水

*この食パンには前日のフランスパン生地を使用

製法：オーバーナイト製法

個人パン店の主流である製法。前日に生地を仕込み低温で長時間発酵させ、翌日は分割から始めます。灰分（ミネラル分）が多い小麦は長時間発酵に向きます。

いいところ

①イースト使用量が少ないので、パサつきがないパンができる。
②ゆっくりと時間をかけて生地を発酵させるので、粉本来の旨味や甘みを引き出すことができる。
③作業効率がよい。

『パンができるまでの流れ』

1 仕込み

材料を計量し、油脂以外の材料（水、強力粉、酵母、砂糖、塩）をミキサーに入れて混ぜる。

ポイント
ヨーグルト（乳製品）を入れると歯切れがよくなりサンドウィッチに向く食パンができます。

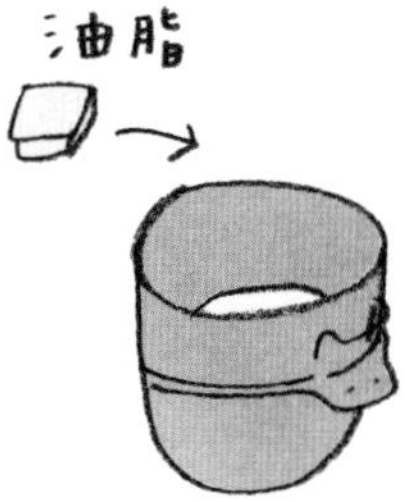

油脂を投入。

ポイント
バターは伸展性をよくし風味をつけたい時、ショートニングは軽くしたい時に使います。

さらに混ぜて、生地ができているかを確認。こね上げ温度は18°C前後。ミキサーから取り出し10分ほど休ませてパンチ後、17 °C に設定したドゥコンディショナーに入れる。

2 一次発酵（低温長時間発酵）

20時間以上寝かせる。

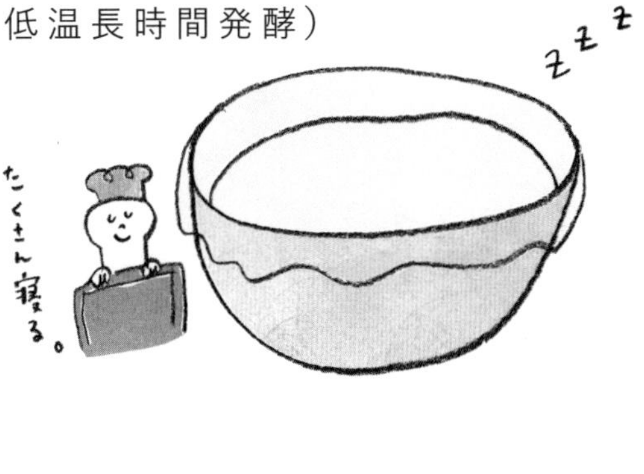

3 分割、丸め

スケッパーを使い、生地を切り分けていく。生地に抵抗をかけすぎないように優しく扱う。

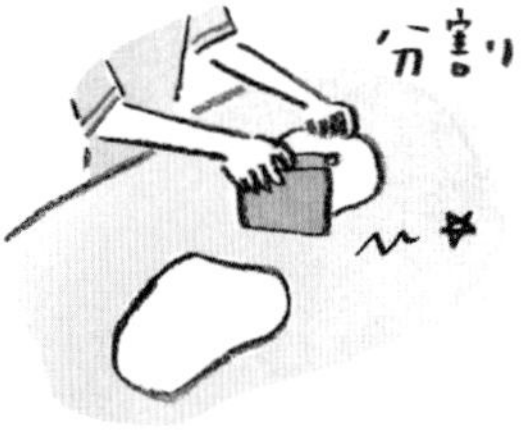

4 成形

生地に打ち粉をふり上下に伸ばしながら、食パン型の幅に合わせて巻く。そして型につめる。

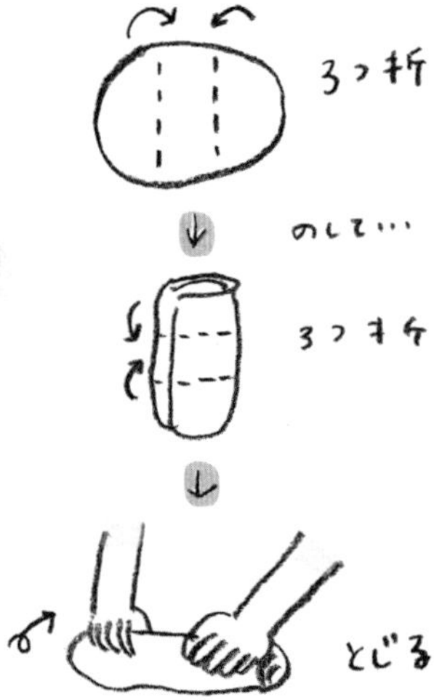

5 最終発酵

28℃、湿度75％の環境で2時間以上発酵させる。角型食パンは型の8分目くらいまで発酵したら蓋をする。

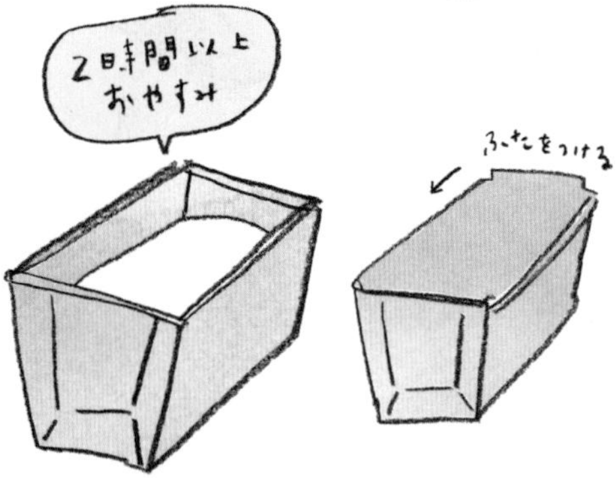

6 焼成

下火220℃、上火200℃に設定したオーブンに蒸気を入れて30分焼く。

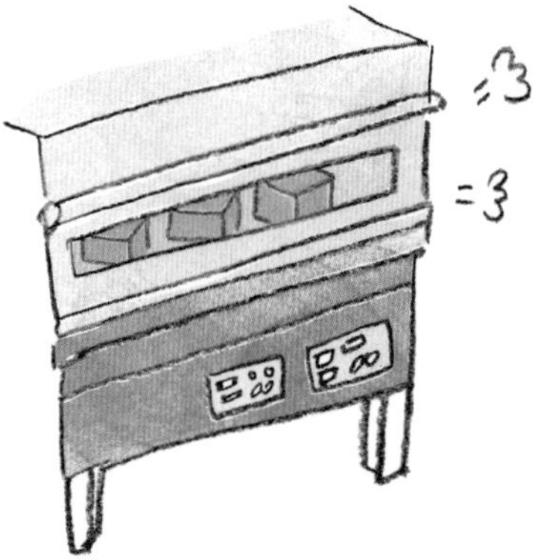

ポイント
下火で生地を持ち上げて焼くので下火の温度を上火よりも高く設定します。オーブンや食パンの種類によって設定温度や焼成時間は変わります。

焼成後、オーブンから取り出し型を台に叩きつける。

ポイント
パンの側面や上面がへこむのを防ぐためです。（ケーブイン）

7 完成

ケーキクーラーで冷ましてから店頭に並べる。

材料・道具・作り方協力［→P16-23］
ⓘいちかわ製パン店
福岡県北九州市小倉南区葛原高松1-1-24
☎093-475-1255
国内産小麦を使用し、材料もなるべく身体にやさしい素材を使いひとつずつ丁寧にパンを作っています。そっとのぞくと、厨房はいつもピカピカ。対面販売なのでパンの疑問も気軽に質問できます。

パンの作り方 工場編

パン工場でも日夜パンが作られています。
工場で作られたものはトラックで運ばれ、スーパーやコンビニエンスストア、売店や給食用に学校へ配達したりと、生活の様々なシーンを支えてくれるパンとなります。

『パンができるまでの流れ』

原料が工場に到着。

1 生地作り

混合機(ミキサー)で小麦粉、イースト、水を混ぜ合わせて生地を作る。

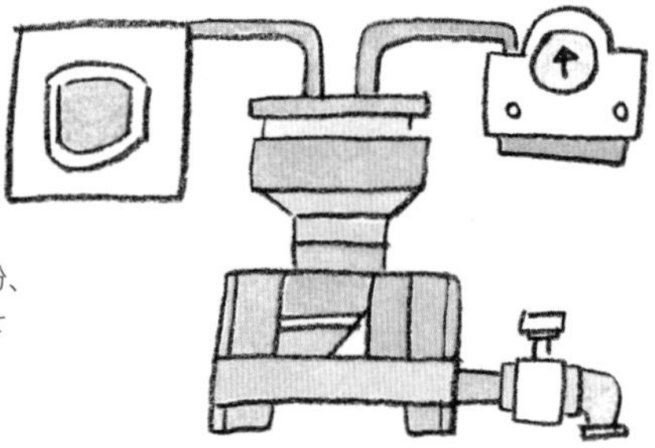

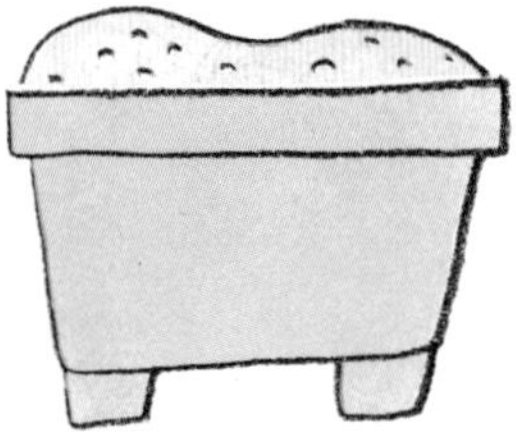

2 一次発酵

生地を3時間ほどおいて発酵させる。

3 パンの味つけ

発酵した生地にバター、ミルク、砂糖、塩などを加えパンに味をつける。

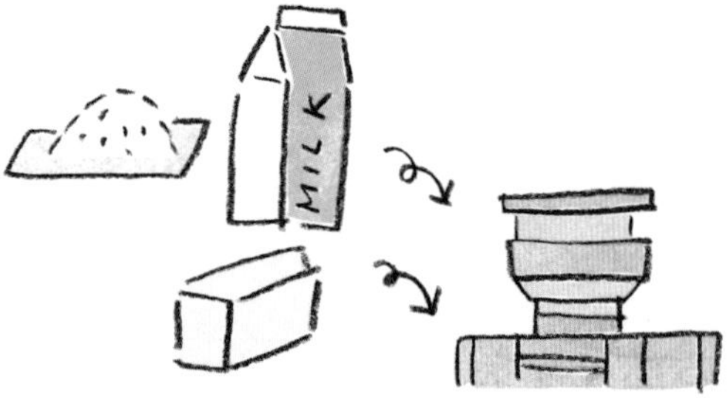

4 分割

分割機で生地を
分けていく。

5 整形

食パン、コッペパン
などの形に整える。

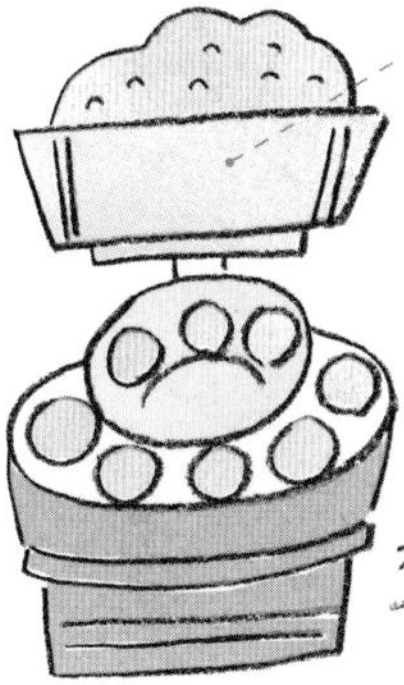
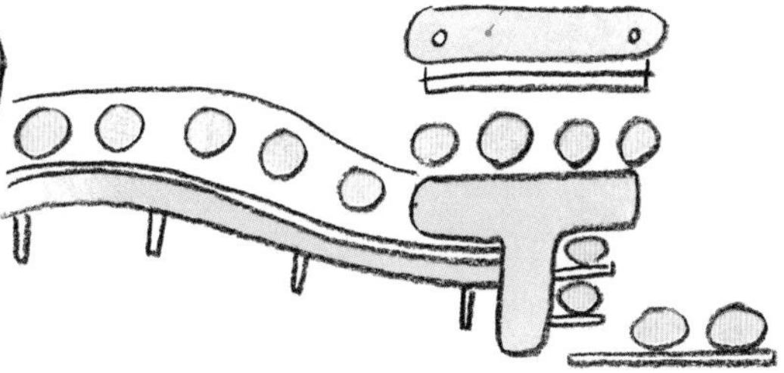

6 二次発酵

38℃で50分発酵させる。

7 焼成

トンネルのような
窯を通り抜けてパ
ンが焼き上がる。

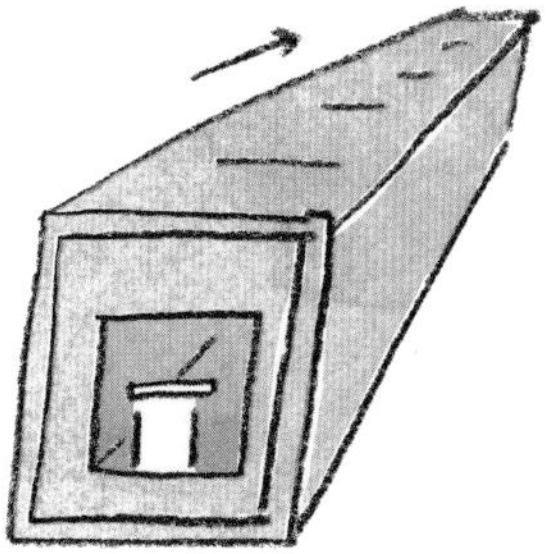

8 冷却・包装

冷却室で冷やされたパンを
衛生的に包装。

9 完成

トラックで町へ
運ばれる。

協力　小林康滋（福岡県パン協同組合連合会）

パンの種類

“パン”とは小麦粉を水で練って発酵させて焼いたもの。簡素な食べ物ながら、世界にはその国ならではのパンがたくさんあり、その数は5,000種類以上になるともいわれています。気候や風土、とれる穀物の量などによって作られるパンは変わり、今もなおその数は増え続けています。

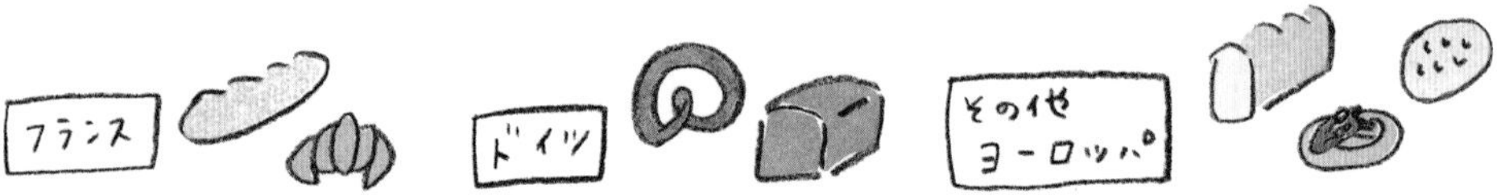

フランス 言わずと知れたパン大国。バゲットなどのシンプルなパンから、バターをたっぷり使ったクロワッサン、ヴィエノワズリーなどのリッチなパンまで種類が豊富です。

ドイツ 寒さが厳しい北部ではずっしり重いライ麦パン、小麦がとれる南部では小麦粉を使ったパンが作られています。パンの種類が最も多い国。

その他ヨーロッパ イタリアのフォカッチャ、イギリスの山型食パンなどの食事用のパン、デンマークのデニッシュペストリーなどのおやつパンもあります。ヨーロッパでは、普段の食事に加えてお祝い事にも特別なパンを焼く習慣があります。

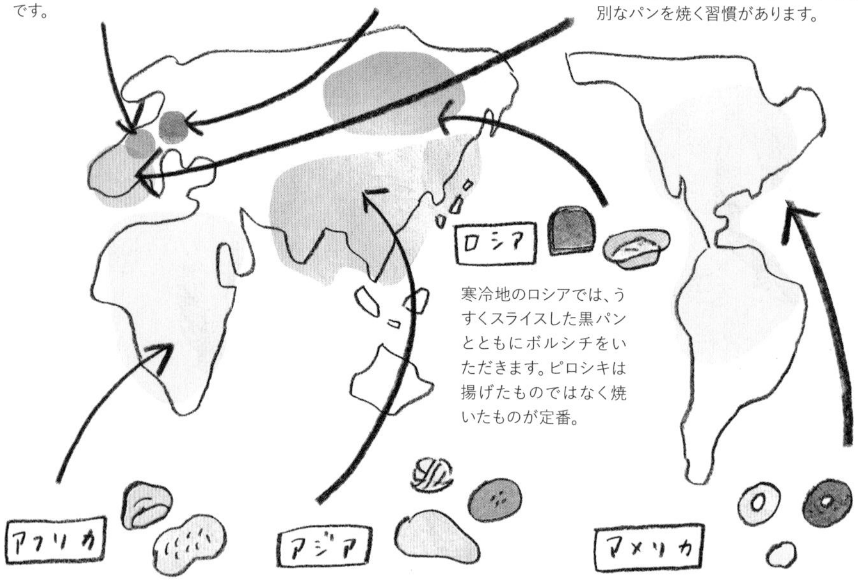

ロシア 寒冷地のロシアでは、うすくスライスした黒パンとともにボルシチをいただきます。ピロシキは揚げたものではなく焼いたものが定番。

アフリカ パン発祥の地とされる地域では、ピタパンなどの伝統的な平焼きパンが今も主食として食べられています。空洞が空いたポケットブレッドは、中に具材を詰めていただきます。

アジア インドではカレーと一緒にナンを食べ、中国では焼かずに蒸した饅頭（まんとう）や花巻が食卓に並びます。日本ではあんパンなどの日本独特のパンから、ヨーロッパ仕込みのパンまでいろいろな種類のパンを楽しむことができます。

アメリカ 原住民や移民、様々な国の人が住むアメリカでは、パンの種類もバラエティ豊富です。北アメリカではベーグル、ドーナツ、ハンバーガーなど、南アメリカではタピオカ粉を使ったポン・デ・ケージョ、とうもろこし粉を使ったトルティーヤなどが食べられています。

パンの分類

私たち日本人にとってポピュラーなパンを集めてみました。
普段何気なく食べているパンでも材料や作り方、さまざまな観点から
どんな種類のパンに属しているのか分類することができます。

食パン

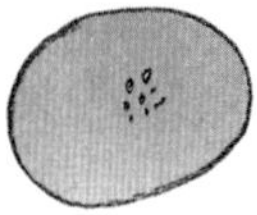
あんパン

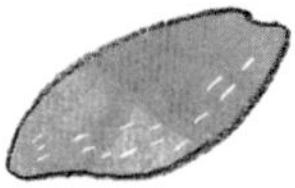
カレーパン

クロワッサン

ベーグル

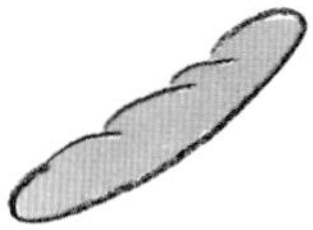
フランスパン

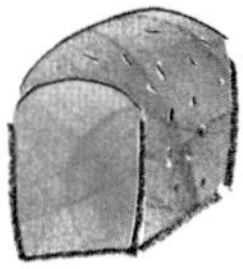
ドイツパン

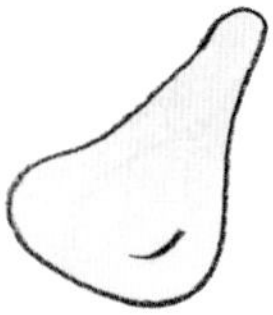
ナン

蒸しパン

ポン・デ・ケージョ

『使っている粉』

パンの味や食感を左右する重要な材料のひとつ。基本的には強力粉を使いますが、用途に応じて使い分けます。

小麦粉
(強力粉、準強力粉、中力粉、薄力粉)

グルテンを形成し、ふっくらとしたパンに仕上がる。

白パン …… 食パン、あんパン、カレーパン、
クロワッサン、ベーグル、
フランスパン、ナン、蒸しパン

ライ麦粉

グルテンを形成しないため、目の詰まったパンに仕上がる。

黒パン …… ドイツパン

[例外]
ポン・デ・ケージョ(タピオカ粉を使用)

『材料の組み合わせ』

粉、パン酵母、塩、水のみで作ったシンプルなパンに副材料を加え、バリエーション豊富なパンを作ります。

主材料のみ

粉、パン酵母、塩、水のみで作ったパン

リーン …… 食パン、ベーグル、
フランスパン、
ドイツパン、ナン

主材料+副材料

主材料に砂糖、油脂、卵などを加えたパン。

リッチ ……… クロワッサン
惣菜パン …… カレーパン
菓子パン …… あんパン、蒸しパン
無発酵パン …ポン・デ・ケージョ

『焼　型』

パン生地成形後、型に入れて焼くものと、型に入れずにそのままの形で焼くものがあります。

型に入れる

型に入れて焼くパン。

型焼き……食パン、ドイツパン(直焼きの場合もある)

型に入れない

型に入れずにオーブンの焼床で直接焼いたものと、天板に乗せて焼くものがある。

直焼き……フランスパン
天板焼き…あんパン、クロワッサン、ベーグル、ナン、ポン・デ・ケージョ

[例外] カレーパン(焼かずに揚げる)
蒸しパン(焼かずに蒸す)

『発酵方法』

パンをふくらませる素となる酵母を入れたものと、酵母を入れずに作られるパンがあります。

ふくらむ

酵母の働きによりパンがふくらむ。

発酵パン……食パン、あんパン、カレーパン、クロワッサン、ベーグル、フランスパン、ドイツパン、蒸しパン、ナン(ベーキングパウダーを使う場合もある)

ふくらまない

酵母を入れない。

無発酵パン…ポン・デ・ケージョ

『食　感』

パンを噛んだ時に硬く感じたりやわらかく感じたり、構成する材料によって食感が変わってきます。

硬　い

シンプルな材料で作ったパン、小麦本来の風味がする。

ハード系…フランスパン、ドイツパン

やわらかい

砂糖やバターなどを多く使ったパン、やわらかく食べやすい。

ソフト系…食パン、あんパン、カレーパン、クロワッサン、ベーグル、ナン、蒸しパン、ポン・デ・ケージョ

フランスパン
白パン、リーン、直焼き、
発酵パン、ハード系

あんパン
白パン、菓子パン、天板焼き、
発酵パン、ソフト系

あ

あげぱん【揚げパン】

油で揚げた菓子パンの一種。「揚げパン」というとコッペパンを油で揚げたものに砂糖で味付けした菓子パンが思い浮かびますが、カレーパンや、ピロシキ、ドーナツなども仲間です。疲れた時に食べると油が身体に染みわたりますが、カロリーが高いのが気になるところ。食べ過ぎにはご注意ください。

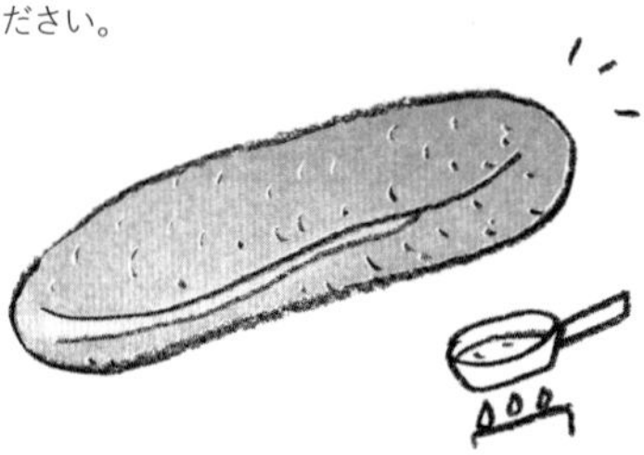

あて【肴】

お酒の肴になるようなパンのこと。代表的なものはワインとパンの組み合わせです。赤ワインに合うのはライ麦パン、雑穀パン、ぶどうパンなどのずっしり重いパン。白ワインに合うのは、パン生地が白くて材料もシンプルなリーン[→P165]なパン。ドイツのおつまみの定番はブレッツェルにビール。ビールにはピザも合いますね。お酒とパンは「発酵」仲間。いろいろ試してみると、おもしろい組み合わせが発見できるかもしれません。例:麦焼酎=ライ麦パン/日本酒=あんパン/シャンパン=シュトーレン、ブリオッシュ

あましょく【甘食】

なんともいえない可愛らしいかたち。スーパーマーケットでセットで売られているところをよく見かけます。安土桃山時代にポルトガル人がもたらした南蛮菓子がルーツで、日本では大正末期から昭和初期にかけて大流行しました。当時は、甘みのある食パン生地のロールパンを「甘食」、お菓子の方を「しぼり甘食」と呼び、2種類の甘食を作っていたお店もあります。

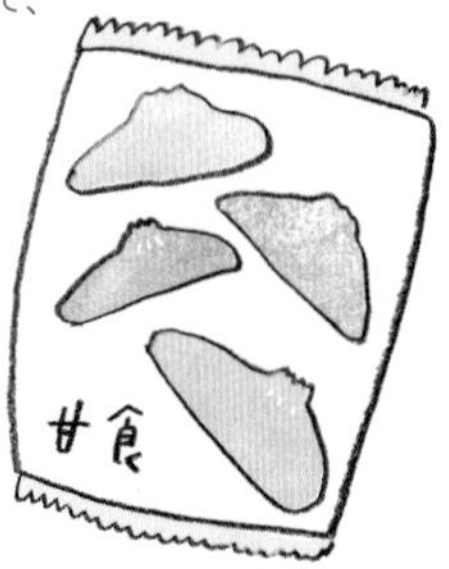

アンデルセン【ANDERSEN】

日本初、デニッシュペストリー[→P101]を紹介したお店。広島にある本店は、元銀行を改築したルネッサンス様式の素敵な建物。パン好きでなくてもこれだけのために詣でる価値あり。販売のスペシャリスト、ブレッドマスターなる方も主要店舗にいますので、安心してパンの疑問をぶつけましょう。いろいろ楽しみのあるお店ですが、店名にもなっている"アンデルセン"に注目を。もちろんデンマークの童話作家H.C.アンデルセンから名付けられているのですが、2005年からはアンデルセン童話をモチーフにしたパンも毎月作られています。とてもかわいいので、ぜひお近くのアンデルセンに足を運んでみて下さい。

㊐アンデルセン
お客様相談室 ☎0120-348817

① 雪の女王/② おやゆび姫/③ イーダちゃんの花/④ はだかの王様/⑤ えんどう豆の上のお姫様/⑥ すずの兵隊/⑦ 人魚姫/⑧ みにくいアヒルの子/⑨ ぶた飼い王子/⑩ マッチ売りの少女/⑪ もみの木

*商品は変更になる場合があります。

①

②

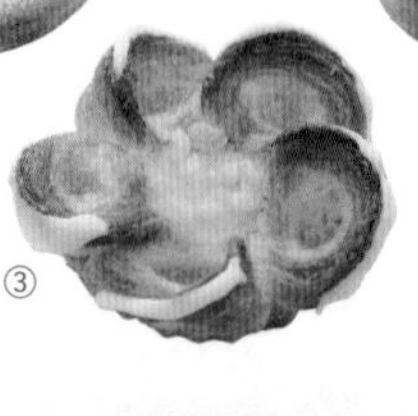
③

あんどーなつ【あんドーナツ】

①パン生地に餡を包み油であげた球形のパン。平べったい形もあります。おすすめは、朝の5時に開店し8時には閉店するという幻の『とらや』（北九州）のあんドーナツ。ひとつ40円で、地元民は10個くらいをまとめ買いします。ぺちゃんこになっていたり、いびつな形だったり、それぞれが愛らしい形をしています。1つ口に放り込めば腹持ち抜群！　②『あんどーなつ』（小学館）という漫画に出てくる主人公の名前は「安藤奈津（あんどうなつ）」さん。ちなみに、パンではなく和菓子の漫画です。

あんぱん【あんパン】

①みんなが知っている日本を代表する国民的パン。やわらかいパン生地の中にあんこが入っています。「フランスあんパン」というハードな生地もありますが、元祖はこちら。明治7年、木村安兵衛さんによって開発され発売。東京銀座、木村屋のあんぱんといえば有名でしょうか。4月4日は明治天皇にあんぱんを献上した日として「あんぱんの日」に制定されています。札幌市豊平区には「アンパン道路」というあんパンを頬張りながら作られた道もあります。②美術展「アンデパンダン」を略して「アンパン」といいます。

あんまん【餡まん】 

小麦粉、酵母、水を混ぜた生地にあんこを包んで蒸したパン。中国の包子［→P115］の一種。中に入るあんこはこしあんの場合が多く、さっぱりとした甘さを感じます。中華料理店で味わえるほか、コンビニでも手軽に購入することができます。冬になると、辛いキムチ鍋を食べつつ餡まんをほおばるというのが我が家の定番。辛さが餡によってほどよく中和されて絶妙なおいしさです。

いしがま【石窯】

レンガや粘土で造った窯口1つの穴窯内で薪を熱し、内部温度を400°C以上に上げた後、燃えかすをかき出しその余熱でパンを焼くオーブンの原型。石窯会研究所『ロシナンテのパン工房』主宰の竹下晃朗さんは自ら石窯を造りパンを焼き、ワークショップもされている石窯研究の第一人者。工房に一歩足を踏み入れると、そこはまるで博士の研究室のよう。粉挽き石臼、秤、粉、書物など、混沌とした空間が広がります。約20年前に初めて石窯を造り、それからずっと自らのためにパンを焼く生活。「よい粉を使い、じっくり発酵させた生地を高温蒸気の窯で焼く、それだけです」と竹下さん。言葉にするとシンプルですが実はとても難しく、竹下さんは日々研究を重ねています。“よい粉”とは、風味のよい小麦を使い自家製粉した粉のことをいい、強力小麦よりも中力のうどん用小麦のほうが風味がよいと竹下さんはいいます。その粉を使った「全粒粉100%のパン」をいただきました。小麦の味わいがするずっしりと重いパンで、精白粉で作ったふわふわのパンにはない独特の旨味や風味がありますが、それを活かすにはこね方、焼き方に工夫が必要だそう。ただ重いだけではなく、その研究過程への「思い」がたくさん詰まっているパンでした。

ⓘ石窯会研究所 ロシナンテのパン工房
京都市左京区修学院坪江町8　☎075-791-0872

1921年オーストラリアシドニー生まれ。50年前には京都の歴史あるパン屋、進々堂に勤務していたことも。工房の名前「ロシナンテ」は、『ドン・キホーテ』の主人公が乗る馬の名前。あえて「老師煖手（ロシナンテ）」と当て字をして竹下さんご自身のことを表現しています。

粉挽き石臼で挽いた全粒粉と、自家製発芽小麦全粒粉（モルト）、塩、有機ドライイースト（0.3%）、水（80%）のみで作ったパン。水分の多い生地をほとんどこねずに発酵させ300°Cの焼床と高温蒸気で焼き上げます。刻み目が擦りへっていた古い粉挽き石臼をご自分で修復し、道具も大切に使い続けています。

耐火断熱レンガ積み、焼床は耐火キャスタブル、熱源は無煙無臭のコークス。この他に自作のガスと電熱の卓上型オーブンが2台あり、どちらも内蔵した簡易ボイラーで蒸気を連続してこもらせながら焼きます。本格的な石窯でなくても工夫次第で同等のパンを焼くことができるそうです。

イースト【yeast】

パンをふくらませる素になる大事な菌のこと。1683年"微生物学の父"と称されるオランダの科学者、アントニ・ファン・レーウェンフックさんが、ビールの中に微粒子状のイーストを発見。1859年フランスのパスツールさんが、発酵はイーストのはたらきによるということを解明しました。日本で初めての国産イーストを開発したのは、田辺玄平さん。アメリカでイーストの作り方を学び、私財を投じてドライイーストの研究に励みました。私財を投じて、という点が研究に対する本気度を物語っています。

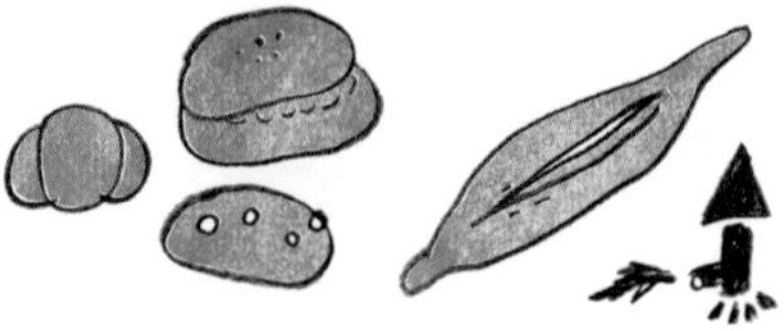

いかすみぱん【イカ墨パン】

生地にイカ墨を練り込んだパン。見た目は真っ黒でどぎついですが、食べてみると意外とクセがなく、チーズパン、ガーリックトーストなどにアレンジしたりサンドイッチとしても使われます。歯が黒くなる心配がないので気軽に楽しむことができます。

イギリスパン【english bread】

型にふたをせずに焼くので、上部がふくれてこのような山型になります。薄〜く切ってカリカリにトーストし、バターをたっぷり塗って食べるのがイギリス流。なんとも上品です。あっさりした味わいなのでサンドウィッチにもちょうど良いパン。どっしりとした食パンが好みの方にはちょっぴり物足りないかもしれません。㊫山型食パン、ティンブレッド(「ティン」という型を用いるため)
㊍角型食パン

青森県には、スライスしたイギリスパンにマーガリンとグラニュー糖を挟んだ「イギリストースト」という絶大な人気を誇るソウルフードがあります。

イーストの種類

生イースト	ドライイースト	インスタントドライイースト
製パン業界で最もポピュラーなイースト。生ものなので早く使いきらねばならず、家庭でのパン作りには不向きです。	生イーストを乾燥させたもので、長期保存ができます。インスタントドライイーストよりも風味がよいです。	ドライイーストを加工して使いやすくしたもの。家庭でのパン作りによく利用されています。

いせはら【伊勢原】

「“パン”という食べ物はこんなにおいしいものだったのか！」と最初に気づかせてくれた衝撃のパン屋さん『ブノワトン』のあった場所。あそこのあのパンがおいしいのよね、というささいな感情ではなく、ブノワトンはすべてのパンがおいしいのです。一口頬張れば、誰もがブノワトンの虜になる。（と、私は思っています。）食いしん坊の母親を連れて案内したこともあり、我慢ならず帰り道にパンを頬ばりながら母も同じことを言っていました。「あんた、パンっちこんなにおいしかったかね！」本当においしいものには、余計な説明や言葉は要らないものなのだなとその時思いました。
＊残念ながらブノワトンは2010年に閉店してしまいましたが、その跡地にはお弟子さんの営むパン屋さん、『ムール ア・ラ ムール』があります。

ⓘムール ア・ラ ムール ｜ 神奈川県伊勢原市板戸645-5　☎0463-57-3085

いなか【田舎】

休日、車を走らせて向かう田舎町。車でしか行けないような場所にぽつんと現れるパン屋さん。ログハウス、薪をくべたオーブンで焼く天然酵母のパンとスープ。朗らかな笑顔のご夫婦。そこに辿り着くまでに、想像したりワクワクしたり、パンを買いにいく道中で、すでに気持ちはお腹いっぱいになります。

イングリッシュマフィン

【english muffin】

イギリスで「マフィン」というと、このパンのことになりますが、日本ではアメリカのケーキマフィン（あの甘いお菓子です）と区別するために「イングリッシュマフィン」と呼ばれています。専用の型を使ってまるく焼き上げ、フォークで上下に割って中にベーコンやチーズをはさんで食べます。まわりについたプチプチ食感のコーンミールが特徴。

インストアベーカリー

【in-store bakery】

スーパーや百貨店の店内でパンを焼いて販売するお店。この仲間に属するお店はチェーン店が多いのですが、気温や天候によって左右されるパン作りにおいて、どこにいても同じ状態に近いパンを味わえるのは消費者にとってありがたくすばらしい存在なのではと思います。仕込みから焼成まで行うスクラッチベーカリーと、工場で冷凍生地を作り店舗で焼成を行うベイクオフベーカリーがあります。㊫オーブンフレッシュベーカリー

ヴァイツェンブロート

【Weizenbrot】

ドイツのパンで、ヴァイツェンはドイツ語で"小麦"の意味。ドイツパンの基本。小麦とライ麦の配合で名前が変わるので、詳しくはドイツパン[→P103]を参照。

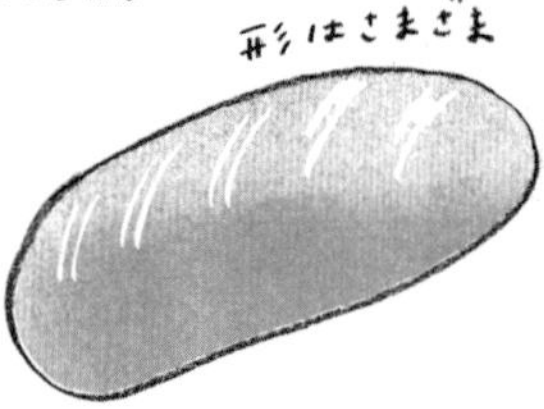

ヴィエナブロート

【wienabrot】

デンマークでのデニッシュペストリー[→P101]の呼び名。デンマークのパンとして有名なデニッシュペストリーですが、元はオーストリアのウィーンから製法が伝わったことから「ウィーンのパン」という名前で現地デンマークでは親しまれています。

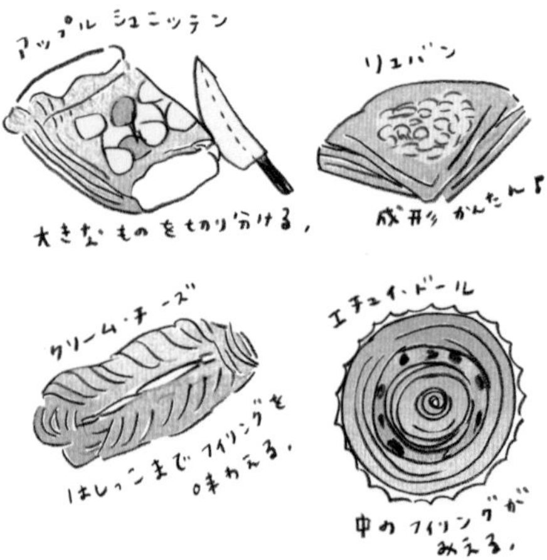

ヴィエノワズリー

【viennoiserie】

フランスで"ウィーン趣味の"といわれるバターを折り込んだ菓子パン。クロワッサン[→P68]や、ブリオッシュ[→P141]、パン・オ・ショコラ[→P124]などを指します。フランスでは、朝食やおやつによく食されます。

ういんなーろーる

【ウインナーロール】

ウインナーにソフトなパン生地をぐるぐると巻き仕上げにケチャップとパセリをのせた、子ども達に大人気の惣菜パンです。フランスパン生地にマスタードとウインナーを包んで焼いたものは「ウインナーフランス」と呼ばれ、こちらは大人にも人気です。

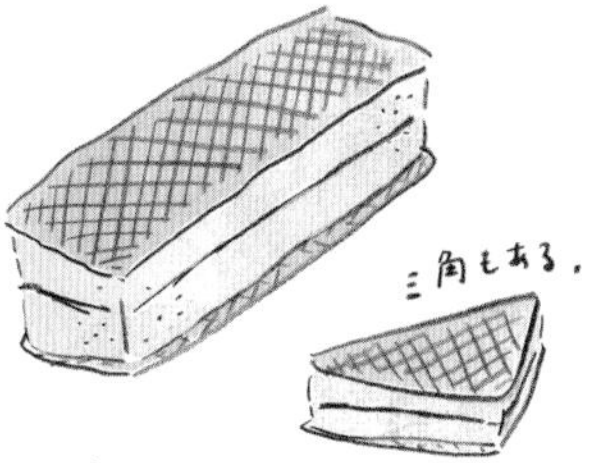

うえはーすさんど

【ウエハースサンド】

カステラをピンク色のウエハースで挟んだ昔ながらの洋菓子。間にバニラクリームとジャムを挟んでいるものが基本ですが、他にもコーヒー味やいちごクリーム味などもありバリエーションが豊富です。ウエハースの色もさまざま。ウエハースがうまく噛み切れず、中のカステラがはみ出してしまうこともあるので注意していただきましょう。

うちきぱん【ウチキパン】

日本で最初のパン屋とされるお店。元は1866年イギリス人クラークさんが、横浜に開いたヨコハマベーカリー。1878年見習工として打木彦太郎さんが住み込みで働き、その10年後にお店を譲り受け『ウチキパン』となりました。レトロなお店の袋も人気。

ⓘウチキパン ｜ 神奈川県横浜市中区元町1-50 ☎045-641-1161

うわさのぱん【うわさのパン】

小学生の頃（90年代）に食べた「うわさのパン」という名前のパンがずっと忘れられませんでした。袋の中に何の変哲もない小ぶりな白パンが5つ。具も入っていないシンプルなパンでしたが、ほんのり甘くてふんわりしていておいしかったなぁ。それをおいしく感じたのは「うわさのパン」というネーミングも影響していたのではないかと思っています。大人とよばれる年齢になってその名前をつけたちいさな冊子を作ったところ、なんとそれを読んでくれた人が偶然「うわさのパン」を見つけて教えてくれました。福岡の下町、西新商店街の一角にあるベーカリーで、九州を代表する製パン会社・フランソアの直営店『西新ベーカリー ドットポルカ』の軒先に幻のパンはありました。開発担当の方にお話を聞くと、「17年前、“忙しい朝にすぐ食べられるパンを”というコンセプトのもと、人々のうわさになるようにという願いを込めて作られたパンです。当時はどこのお店でも作っていましたが、今では1店舗でしか作られていません」とのこと。残念ながら、うわさのパンを作るお店はほとんどなくなってしまったようです。でもシンプルな白パンに込められた願いは、時を越えて叶えられた気がしました。

ⓘ西新ベーカリー ドットポルカ ｜ 2016年2月におしまれつつ閉店しました。

え【絵】（パンの絵かき歌）

とても簡単なので描いてみてください。お手紙の最後に沿えると、パン好きのお友達もきっと喜んでくれるはず。

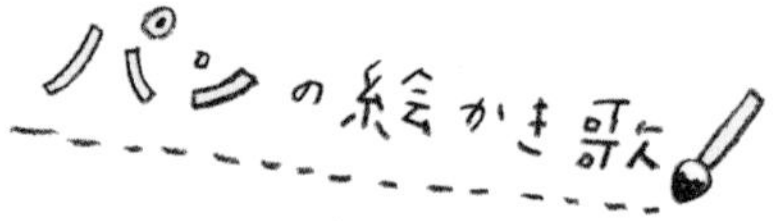

おやまがひとつ

ふたつみっつ
連なって

コップくん
こんにちは

人生ちょっぴり
曲がり角

食パンの
できあがり

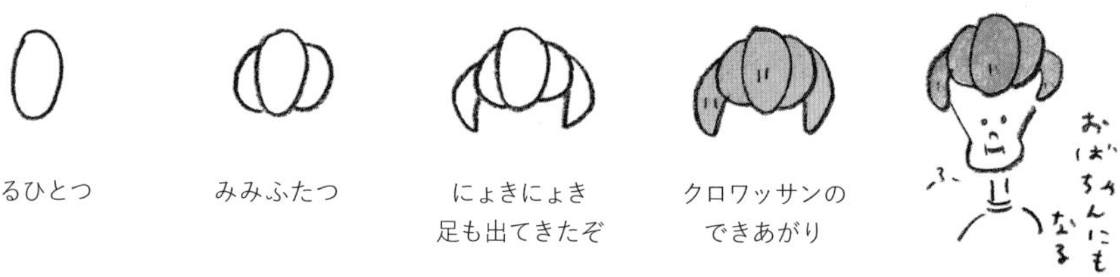

まるひとつ

みみふたつ

にょきにょき
足も出てきたぞ

クロワッサンの
できあがり

なみだがポロリ

うずまき
グールグル

もう一回
グルグル

ひっくり
かえして

ブレッツェルの
できあがり

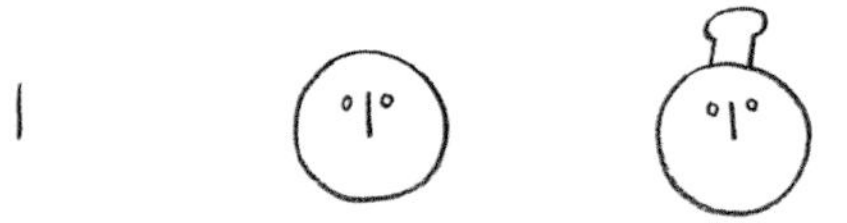

ぼうがいっぽん
ありました

おさらのうえに
豆ふたつ

食パンひとつ

コッペパン
ふたつ

サンドイッチも
くださいな

ニッコリ笑顔

あっというまにパン屋の
姉さんのできあがり

えいが【映画】

小学生の時はハンバーガーを食べながら映画を観るのが幸せの瞬間。大人になると、飲み物がコーラからアイスコーヒーに変わりました。映画の中の時代は変わらなくても現実世界の私たちは知らぬまに変化していきます。ということで、時代に左右されず何度でも観たくなるパン映画を紹介します。

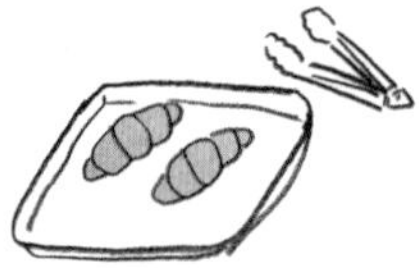

『DVD & BOOK
100%の女の子
パン屋襲撃』
発売:シネマンブレイン
販売:ジェイ・ブイ・ディ

お腹が空くと誰でもこうなるのかしら

『パン屋襲撃』

お腹を空かせた「僕」と相棒2人が、包丁を忍ばせて向かった先は商店街のパン屋。パン屋を襲ってパンをたらふく食べるために。ワグナーが流れる店内には女性が一人、パンのテーゼについて思いをめぐらせています。襲うタイミングを今か今かと待つ2人……、結局は店主を襲うことなくパンをたらふく食べることができましたが、その理由とは。同名小説の続編として、『パン屋再襲撃』（村上春樹 文春文庫）、さらに続編『パン屋を襲う』（村上春樹 新潮社）もあります。併せて読みたいシリーズです。

©山川直人

満足そうにパンをほおばる「僕」と相棒。自主制作の女王と言われた女優、室井滋さんも実は出演しています。

しあわせのパンはどこにある？

『しあわせのパン』

北海道の洞爺湖畔・月浦でカフェ・マーニを営む水縞夫婦の四季を通したパンと人の物語。恋に破れた女性、ギクシャクした親子、ある決意をして月浦にやって来た老夫婦、様々な人間模様の中心にはいつも水縞君の焼くパンと、りえさんの珈琲があります。一緒に“パンを分かち合う”ことで見えてくる世界。その後、監督が書き下ろした小説も読みました。文字を追ってその先に浮かんでくるのは、あの洞爺湖のすがすがしい風景。この町へ行ってみたいなと思いました。

『しあわせのパン』
DVD&Blu-ray 発売中
発売：アスミック・エース、
オフィスキュー

地獄耳のガラス作家ヨーコさん、謎のトランクを抱えた阿部さんなど、個性豊かな人々も作品に彩りをそえています。

映画『しあわせのパン』の町と、その周辺をめぐる旅
in 北海道 洞爺湖
「どうじい」じゃないよ。「とうやこ」と読みます。
案内して頂いた方々
SAPPORO
札幌から車で約2時間
ここです。
相山ちなみさん
アピコ ヒトエさん
映画がきっかけで生まれたパン屋「コロン」の企画担当さん。
chillout cookという名前でジャムやパテを作っています。
うわ
GOAL
★陽子さんのアトリエ
ラムヤート
石釜パンとカフェギャラリー。
手ごね、自然発酵でゆっくり作られたパンが並びます。
店主 コンノマスキさん
パン職人 ごんちゃんさん
アイヌの木彫り人形コロポックルも売ってるよ
おっとと 湖におちそう
スタッフさん
藤原奥子さん
永井愛さん
glass cafe gla-gla
ぐらぐら

ⓘブーランジェリー コロン ｜ 北海道札幌市中央区
北2条東3丁目2-4 prod.23 1F　☎011-221-5566

ⓘglass cafe gla_gla ｜ 北海道虻田郡
洞爺湖町月浦44-517　☎0142-75-3262

ⓘラムヤート ｜ 北海道虻田郡
洞爺湖町洞爺町128-10　☎0142-87-2250

エキメキ【ekmek】

トルコ語で「パン」のこと。フランスパンのような長いパンや、平べったいパン、中が空洞のポケットタイプのパンなど、形はさまざま。食事パンとして、煮込み料理やスープと一緒にいただきます。トルコを含む中近東あたりは、パン発祥の場所として、最も原形に近いパンが今でも残っています。

えこだ【江古田】

人気パン屋さん、『パーラー江古田』がある場所。店内のカウンターでパンも食べることができます。「近所の常連さんが集まるパン屋さんだけど、一見さんもいけるお店。店主、原田浩次さんが醸し出すゆるい雰囲気の中に本格的なパンが並ぶの！　それがいいのよ！」と、パン好き女子から熱く熱く教わりました。（＊同じ練馬区に保育園に併設した2店舗目『まちのパーラー』もあります）

ⓘパーラー江古田 ｜ 東京都練馬区栄町41-7　☎03-6324-7127
ⓘまちのパーラー ｜ 東京都練馬区小竹町2-40-4 1階　☎03-6312-1333

エピ【epi】

フランス語で“麦の穂”という意味。日本では、麦の形をしたパン生地の間からベーコンがチラリと見えるものが主流。サイズはお店によって異なります。大きいものだとこれだけでお腹一杯になるかも。男性がよく買っているのを見かけます。

エルヴィス【Elvis】

アメリカのロックミュージシャン、エルヴィス・プレスリーの大好物だったとされるサンドウィッチ。食パンにピーナッツバターとバナナ、焼いたベーコンを挟み、それをさらにバターでソテーしたもの。ピーナッツバター＋ジャムの組み合わせも好きだったそうです。

おうばく【黄檗】

力強いパン屋さん『たま木亭』のある駅。ひとり京阪神パンツアーをしていた時に訪れて衝撃を受けたお店です。疲れ果てたツアー最終日、行こうかどうか迷った末に訪問し、小さなパン屋さんから立ちこめるなんともいえないパワーを感じました。帰り道は自分にも力が湧いてきたのを覚えています。すばらしいパン屋は住宅街にある！と勝手に方程式を作ったものです。「堅焼きバター」というバターがたっぷり染み込んだフランスパンが当時好きでした。

ⓘたま木亭 ｜ 京都府宇治市五ケ庄平野57-14　☎0774-38-1801

おーどぶる【オードブル】

おもてなしの場面やパーティー会場では、つまみやすくアレンジされた食パンやフランスパンがお皿に盛られます。フランスパンを輪切りにしておかずをのせたカナッペ、真ん中をくり抜いて具を詰めたもの、食パンにハムをはさんで巻いたもの、色違いのパンを並べたりと、さまざまな形でパーティーに彩りを与えます。

おかあさんのぱん

【お母さんのパン】

その名の通りのパン。お母さんのパンってどんなパンだったかなと考えてみました。お母さんの焼くパンは、毎日のパン。20年前から焼き続けている日々のパン。季節の花に囲まれて、鼻歌を歌いながら、家族のために焼く幸せな味がするパンです。

大学時代の友人・直子さんの母、恵子さんはメロンパン、北欧パン、サブマリンが十八番。

おにおんぶれっど

【オニオンブレッド】

玉ねぎ、チーズ、ハムを巻き込み、上にチーズを乗せ、型に入れて焼いたふんわり食感の惣菜パン。玉ねぎの甘みとチーズの塩気が食をそそります。

おはなし【お話】

大阪市・平野区にあるパン屋さん『パンとお話 アップルの発音』では、生活の中にピリリとスパイスをくれるようなパンを作っています。店主の青木さんはそれぞれのパンにユーモアのある名前をつけ、そのパンにちなんだ物語を忍ばせて販売しています。しかし、お店のプライスカードにはパンの名前しか書いていませんので、お客さんはその謎めいた名前をみて想像がふくらみます。パンを味わいながら、その背景に潜んだ物語を考えてみるのも楽しいかも。

ⓘアップルの発音
大阪市平野区流町1-9-14
☎06-6701-7169

お店の看板商品、キューブ形をした食パン「箱レター」。

箱 レター

人っ子 ひとりいない 山小屋の すきま風で
目が 覚めた。

ペンライトで 枕元の時計 を照らすと 午前二時。

フト気がつくと、寝る前には なかった 一通の
手紙が、時計の横に置かれていた。

イラスト　つき山いくよ
お話　青木俊介

おんがく【音楽】

音楽を聴きながらパンを作るとどうなるのでしょう。おいしくなる？　作業がはかどる？　邪道だ！　など職人さんによってさまざまです。テクノ好きの店主、佐々木満成さんが営む『テクノパン』では、いつもテクノミュージックが流れています。「このピコピコ感、パン作りがはかどんねんな〜」と佐々木さん。「パン作りがはかどる音楽」を教えていただきました。

「パン作りがはかどる音楽」とはどんな音楽ですか？

テンポがいい、ビートが利いている、ドラムのおかず、ベースライン、4拍子などノってしまう要素があること、リズム隊（ドラム、ベース）のコンビネーションが良い曲がはかどりますね。ライブ音源だとさらに盛りあがるかも。

ⓘテクノパン
京都市伏見区淀際目町241-6
☎075-631-5599

『Tong Poo（東風）』
Yellow Magic Orchestra

初期YMOの名曲。このテイクは第1回ワールドツアーのものでテンポもよく、細野氏のベースが生であること。幸宏氏のシンプルでかつ力強いドラミングとのリズム隊は素晴らしい。ギターがカットされている部分のシンセサイザーはスタジオ録音だがソロのメロディと音色はこのアルバムの良いところかと思われる。この曲が仕事中にかかると、分割や丸めのはかどる早さは最速！　大量のバターロールの塗り玉〜釜入れの流れがいい！　とにかく気持ちのいい曲。オリジナルテイクよりもこちらがおすすめ。

収録アルバム：
『パブリック・プレッシャー 公的抑圧』
Yellow Magic Orchestra／
ソニー・ミュージックダイレクト

『STAY CLOSE』
高橋幸宏

幸宏氏とスティーヴ・ジャンセン、ドラマー同士のコラボ曲。このオリジナルテイクのドラムはコンピュータですが幸宏氏の打ち込みは生に近いドライブ感でノリもイイです！　最初のツインボーカルからメロディアスでノリもよく曲自体も長く、成形業務がはかどる曲。

収録アルバム：
『STAY CLOSE』高橋幸宏／ポニーキャニオン

『My ever changing moods』
スタイル・カウンシル

初期スタカンの代表曲。オリジナルPV（1984年）は自転車に乗って走るアノPV。ライブテイクは原曲よりアップテンポで始まりのギターからがカッコいい！　ポール・ウェラーのボーカルにスティーヴ・ホワイトのセンスのいいドラミングがドライブ感を出している。業務的には何にでもテンポよく作業効率が上がる。

収録アルバム：
『ザ・サウンド・オブ・ザ・スタイル・カウンシル』
スタイル・カウンシル／ユニバーサル ミュージック

パン×旅

旅先でパン

南陀楼綾繁

パンの味の違いもよく判らず、お腹が満たせる総菜パンばかり食べている朴念仁なのに、なぜか旅先でパン屋を見つけると入ってみたくなる。それが、昔からあって、地元の人が毎朝買いに来るような店だと最高だ。

先日は盛岡の福田パン[→P138]に行った。駅から100円バスの「でんでんむし」に乗り、停留所から数分歩く。駐車場からやたら車が出入りしていると思ったら、福田パンの本店だった。帽子をかぶったおじさんのイラストがかわいい。

店内に入ると、パンが並んでなくて戸惑う。カウンターの上に、立ち食いそば屋のようなメニューがあり、そこで中に挟むものを選ぶと、おばさんが缶からヘラですくってコッペパンに塗ってくれるのだ。前の人を見ると、ひとつのパンに複数のクリームを入れてもいいようだ。そこで、ヨーグルトクリームとホイップクリームを塗ったやつとカレーパン(サラダ入り)を注文した。さっそくイートインコーナーで食べる。

パンはでっかくて、クリームが全面に塗られているので、一つ食べると満腹する。後から来た人の注文を聞いていると、千差万別で面白い。ときどき「オリジナル」という言葉が飛んでいたが、どういう符牒なのか?

福田パンは給食、スーパーでの販売などで、盛岡人に愛されている。会う人に何味が好きか訊いてみると、ついでに自分の福田パン体験を語りだすのが面白い。

この日、たまたまお会いした作家の木村紅美さんが、その名もずばり『福田パン』という小説を書いておられると聞き、その作品が収録されている『イギリス海岸』(メディアファクトリー)を買った。これもたまたまだが、ブックイベント「モリブロ」の今年のテーマが宮澤賢治で、「イーハトーヴ短篇集」の副題のある同書がＨｏｌｚという店で販売されていたのだ。

ホテルに帰り、残ったカレーパンを食べながら、『福田パン』を読む。なるほど、一番人気は「アンバター」なのか。来年はそれに決まりだな。

なんだろう・あやしげ
ライター・編集者。1967年、出雲市生まれ。「不忍ブックストリートの一箱古本市」発起人として、全国各地のブックイベントに出没している。著書『一箱古本市の歩きかた』(光文社新書)ほか。

いそいそ　いそいそ

モデル　轟木虎ノ介

か
KAN
PAN

がーりっくとーすと

【ガーリックトースト】

フランスパンにガーリックバターを塗り、オーブンで焼いたもの。焼きたては格別、芳しい香りも格別。やわらかいソフト系のパンよりも、ハード系のパンにガーリックの方がよく合います。強い食材には強いパンを、ということですかね。

カイザーゼンメル

【kaisersemmeln】

オーストリアで誕生。皇帝の王冠に似ていることから「カイザー」と名付けられました。ドイツでもよく食され、焼きたてがおいしいことから「2時間パン」とも呼ばれています。水平に切って中に食材をはさみこみ、サンドウィッチとして食べるのがおいしい。ハムとオニオンスライスをはさんだ『志津屋』(京都)の「カルネ」[→P55]は、シンプルながら京都人の定番おやつ。

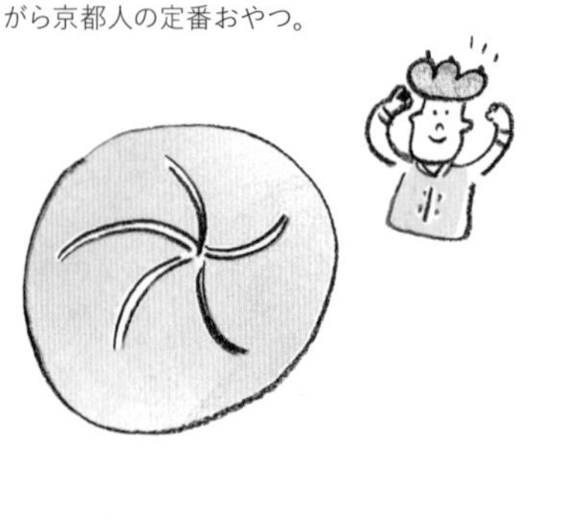

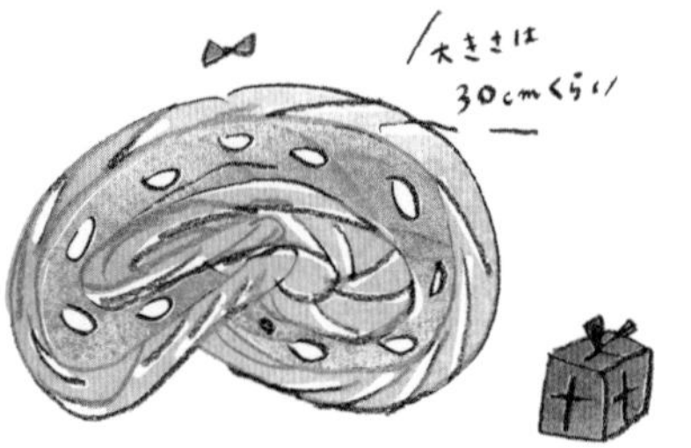

カイングラ【kringler】

デニッシュペストリー[→P101]の王様と称される大きなパン。デンマークでは、誕生日を迎える人がこのパンを買い、幸せを分かち合うために友人や家族に切り分けてふるまう習慣があります。

かくしょくぱん【角食パン】

型に蓋をして焼く食パン。アメリカの客車製造会社プルマンの列車に似ていることから「プルマン形」と呼ばれることもあります。粗熱がとれて少し生地が落ち着いたくらいが美味。(反)山形食パン、イギリスパン[→P34]

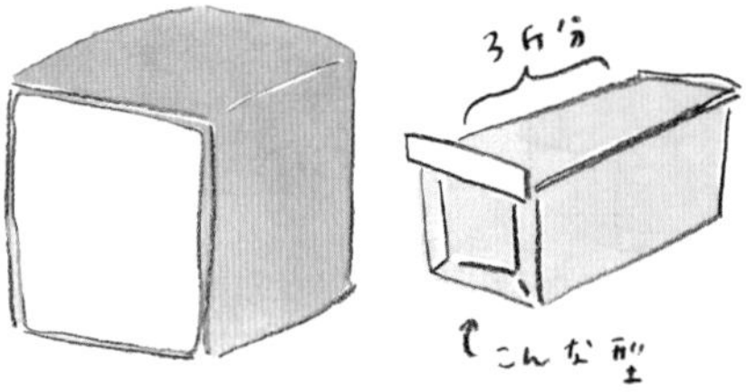

かざりぱん【飾りパン】

すべてパンで作ったオブジェ。イベントやお祝いの時に作られます。これは2013年、福岡県(田川郡川崎町)で開催されたパンのイベント『かわさきパン博』で有志のみなさんで作ったという飾りパン。田川の名所や町のマスコットキャラクターがほのぼのと表現されています。

かしぱん【菓子パン】

おやつ用のパンで、パン生地や中のフィリングに砂糖を多く配合したもの。菓子パンの始祖とされるのはあんパンを開発した木村安兵衛さん。あんパンが初めて発売された後に日本独特の菓子パンが続々と作られています。あんパン、ジャムパン、クリームパン、メロンパン、コロネなど。

カスクート【cascroute】

フランス語で“軽食”という意味。バゲットに具材をはさんで食べるサンドウィッチのこと。カスクルートともいいます。

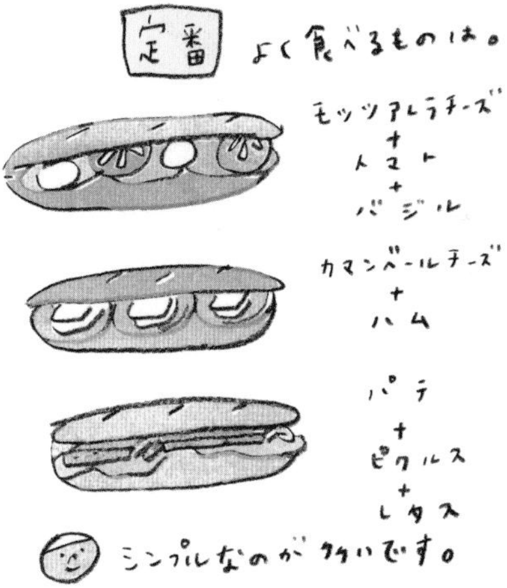

カスタードクリーム【pastry cream】

クリームパンの中に入っているフィリング。卵黄、小麦粉、砂糖を混ぜ合わせたものに牛乳を加え、それを火にかけて、もったりするまで混ぜます。風味づけにバニラビーンズを加えることが多いです。自家製のカスタードクリームを作っているパン屋さんもあり、食べるとそのお店らしさが如実にわかるのでついついクリームパンに手が伸びます。

カステラ【castella】

16世紀、ポルトガルの宣教師たちによって日本にもたらされたお菓子。名前の由来は諸説ありますが、当時のスペイン王国「カスティリア国」（ポルトガル語発音では「カステーラ」）に由来するというのが有力です。

カステラサンド【castella sand】

「パンかと思いきや微妙に生地の感じが違う……、なんだこれは」と思ったらカステラが挟まれていた！　というようなパン。やわらかいパンにカステラとバタークリームがサンドされています。写真は『つるやパン』[→P100]のものです。

かた【型】

作るパンの形に合わせて使う型もさまざま。テフロン加工されたものもありますが、バターや油を内側に塗るのが一般的です。

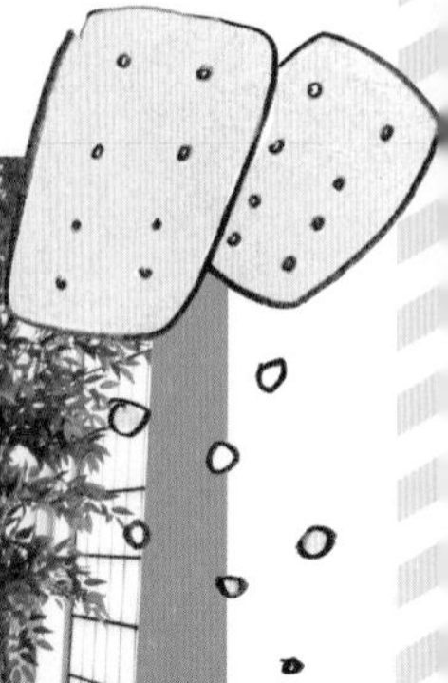

非常食用として商品開発した「スチール缶入り 保存用くろがね堅パン」。缶の中には170枚(5枚入×34袋)の堅パンが詰まっています。「無糖のコーヒーと一緒に食べるのがおすすめ、オーブントースターで少し焼いてもおいしいですよ」と松田さん。

かたぱん【堅パン】

北九州名物の堅〜いパンで、正式名称は「くろがね堅パン」といいます。「くろがね」は“鉄”を意味し、大正時代に官営八幡製鐵所(現在の新日鐵住金八幡製鐵所)で過酷な労働環境のもと働く製鉄マンの疲労回復のために作られたのがはじまり。大量生産・長期保存を目的に極力水分を少なくしたところ、文字通り「鉄」のように堅いパンができたそうです。2011年東日本大震災直後に注文が殺到したことから、5年間の長期保存ができる特製スチール缶入りの堅パンも販売するようになりました。災害時にはバケツや腰掛けとしても利用でき、体重150kgの人まで腰掛けることできる優れもの。スピナの松田明さんに腰掛けていただきました。

コーヒーや牛乳に浸すと柔らかくなって食べやすくなります。

問 (株)スピナ | ☎093-681-7350(堅パン課)

がっき【楽器】

パンのつく楽器やパンを利用して音を奏でる楽器。パーンと叩いたりパーと吹いたり、伝統的でありつつ自由で楽しい表現ができる楽器が集まりました。この3つでセッションをしたら一体どんな音が聴こえてくるのでしょう。

パンフルート

葦で作られたルーマニアの伝統的な笛で“世界最古の楽器”といわれています。上から空気を送り込み、長い管のほうが音が低く、短くなるにつれて音が高くなります。名前はギリシア神話に登場する牧神、パンが持っていた笛に由来するとされています。

パカーワジ

北インドの伝統的な両面太鼓。あぐらをかき左の鼓面にパン生地をつけて両手で叩きます。パンをつける前は活気がある元気な音。つけた後はお腹にズーンとくる重い音。演奏後のパンを焼いて食べると香ばしくてどことなくまろやかな味がしました。

スティール・パン

トリニダード・ドバゴ共和国で生まれたドラム缶から作られた打楽器。独特の弾むような浮遊感のある音色が特徴。“20世紀最大のアコースティック楽器”とも呼ばれています。

かつさんど【かつサンド】

食パンに豚かつを挟んだサンドウィッチ。ソース味で千切りキャベツが一緒に挟まれていることが多く、3〜4切れが四角い箱に整然と詰まっています。気軽に食べることができ、お腹を満たすのにちょうどよいサイズ。豚かつの代わりにハムカツを挟んだ庶民的なサンドウィッチもあります。

かっぱん【活版】

活版印刷。活字を組み合わせた版にインキをつけて印刷する昔ながらの印刷技術。凹凸感、微妙なズレに最近の主流であるオフセット印刷にはない味わいや温もりを感じます。

『ポストカードができるまで』

1

今回は「手フート」という小さな機械で刷ります。

2

インキを混ぜて色を作ります。

3

まずは食パンのイラスト部分から刷ります。（1版目）

4

「食パン」、「活パン」の文字部分を刷るために活字を組みます。

5

刷る。（2版目）

6

できあがり。この道60年の職人、山田善之さんに作っていただきました。

インクが定着するまで1日おいて完成です。

協力
(有) 文林堂
福岡市城南区鳥飼5丁目2-18
☎092-851-9531

カナッペ【Canape】

①北九州市旦過市場の老舗かまぼこ店、小倉かまぼこの3代目森尾和則さんの母ひろ子さんが考案した小倉の名物。昭和34年、パン好きのひろ子さんがすり身にパンを巻いてあげたらどうだろうと思いついたのが最初だとか。外側にはうすい食パンを巻き、中には魚のすり身、玉ねぎ、にんじん、こしょうを混ぜ込んでいます。食パンをうすーく切るのが至難の技……。カリッとした食パンをかじると、ジュッと油。そのあとにすり身のもっちり食感。見た目は和風ですが、食べると西洋の味が口の中に広がります。くせになる味で中毒性があるので要注意。2ヶ月間毎日買いにきた強者タクシー運転手さんもいるそうです。

ⓘ小倉かまぼこ（株）｜ 福岡県北九州市
小倉北区紺屋町2-20
☎093-521-1559

②オードブルの一種。薄切りパンにお好みの具材をのせたもので、ホームパーティーなどの人が集まる場所で提供されることが多いです。ここでの名前の意味はフランス語で“長椅子”。

かにぱん【かにぱん】

1974年販売開始。カニのかたちをしたパンで、割れ目にそって割るといろんな形になる楽しいパン。

㊐三立製菓株式会社
☎053-453-3111（代表）

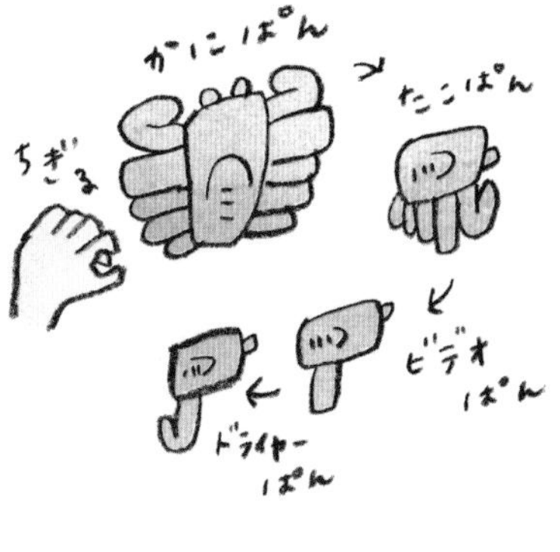

カヌレ【canelé】

“溝をつけた”という意味のフランス・ボルドー地方の伝統菓子。外側は黒くて固く、中はクリーム色でしっとりやわらかい。ワイン作りの澱《おり》引き工程で大量の卵白を使うため、その時に余る卵黄を利用して作られるようになったそうです。蜜蝋を型に塗ることで、独特のカリカリとした食感が生まれます。90年代後半、日本でもブームになりました。

かばん【鞄】

関西にある個人店の規模で実直に営む「そこでしか買えない」人気のパン屋さんの商品がプリントされたトートバック。柔らかなパンをたくさん入れてもへしゃげることなく、機能的な鞄です。軽くて肩にもかけやすく、これを持ってパン屋さんへ出かけるのはとっても嬉しい反面、ほんの少し恥ずかしい時があります。このジレンマがたまらない。

問 株式会社オプスデザイン ｜ ☎06-6125-1556

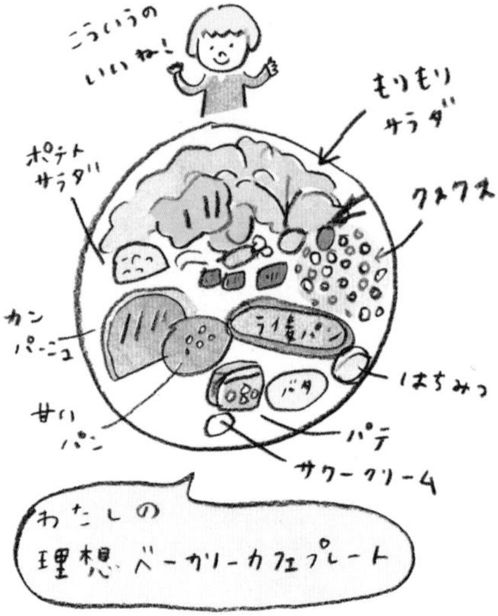

カフェ【café】

パンを買ってあたたかいうちにすぐに食べたくなる。これはパン好きの性分です。そんな時に便利なのがベーカリーカフェ。食べたいパンをその場ですぐ味わえることはこのうえない幸せ。私が理想とするカフェは、「おいしいパンとサラダとコーヒー」のセットがあるお店。大阪にお気に入りのお店があります。

かめいどう【亀井堂】

アメリカ人牧師のすすめにより1903年に創業、鳥取県民なら誰でも知っている老舗パン屋さん。定番は、耳付き食パンにピーナッツバターとジャムを挟んだ『サンドイッチ』。『マイフライ』は、食パンにこしあんをサンドし衣をつけて揚げたパン。耳を2片切り落としているので食パンより少し小さめ。切り落とした耳は『ラスク』に。ボリュームがあるのでいつもお腹を空かせた高校生に人気です。

問（有）亀井堂 ｜ ☎0857-22-2100

カメラ【camera】

固定したカメラを、水平に左から右へ旋回させて撮ることを「パン」。動いている被写体を追いかけながら撮影することを「フォローパン」。手前から奥までピントを合わせることを「パンフォーカス」といいます。

カルネ【Carnet】

京都人の定番おやつパン。フランスパンにハムとオニオンスライスを挟んでいます。カルネとは、フランス語で“地下鉄の回数券”という意味。回数券を使うように毎日訪れてほしいという思いが込められています。

問 (株)志津屋 | ☎075-811-6000

カルツオーネ【calzone】

ピザ生地に具を包み半分に折りオーブンで焼いたもの。サイズもさまざま、揚げたり、焼いたり、イタリア各地でさまざまな作り方があります。

かれーぱん【カレーパン】

1927年、東京の『名花堂（現カトレア）』が、とんカツにヒントを得て作った「洋食パン」がカレーパンのルーツとされています。揚げているものだけでなく、焼きカレーパンも主流になりつつあり世間の動きに合わせてヘルシー志向になってきています。パン屋さんによると、中に詰めるカレーのフィリングは少し固めに作る必要があり苦労しているそうです。

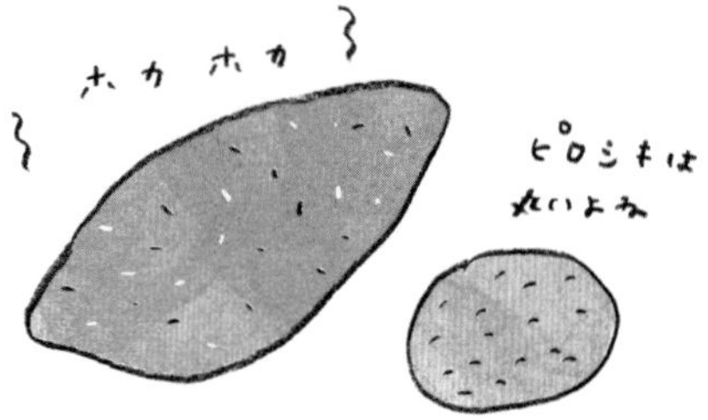

ガレット【galette】

①そば粉を使って作られるクレープで、フランス・ブルターニュ地方の郷土料理。卵、ハム、チーズなどをのせていただく食事系のクレープ。
②ブルターニュの特産品である有塩バターをたっぷり使ったサブレ、ガレット・ブルトンヌ。

ガレット・デ・ロワ

【galette des rois】

“王様のお菓子”という意味のフランスの伝統菓子。新年が明けると、ケーキ屋さんやパン屋さんで一斉に売り出されます。公現祭の日（1月6日）に、友人や家族でこのお菓子を切り分けて食べ、フェーブという小さな陶器の人形が当たった人がこの日の王様。みんなから祝福され、1年間その幸運が続くといわれています。

カレリアンピーラッカ

【karjalan piirakka】

フィンランドの東部、カレリア地方で生まれたパン。ピーラッカとは、“包んだ”という意味。無発酵のライ麦生地に、リーシプロというミルク粥を包んで蒸気をかけて焼きます。お粥の部分は他の具材になることも。フィンランドのパン専門店、『キートス』（京都）ではじめてお目にかかり、ヌワ！　なんだこの形は、と思ったのを覚えています。いつかフィンランドで食べたいものです。

かんづめ【缶詰】

缶詰に入った保存性の高いパン。「生もの」である通常のパンに比べて、保存期間が1年以上持つものが多く災害時の備蓄用にも役に立っています。缶を開けるとふわふわのやわらかいパンが顔を出します。スペースシャトルの食事としても使用されました。

㊞（株）パン・アキモト
お客様相談室
☎0287-65-3351

カンパーニュ

【pain de campagne】

フランス語で“田舎パン”の意味。農家でのパン作りを忠実に守って作られたパンのことです。天然酵母を使いゆっくり時間をかけて発酵させます。日持ちするパンで黒ずんだ茶色をしており眺めているとおおらかな気分になれるパン。画家のダリが好んだともいわれています。

かんぱん【乾パン】

水分を少なくして固く焼き上げた、保存性を高めたビスケット。文字面が似ている堅パン［→P50］よりも柔らかくて食べやすいです。缶詰に入っているものには、糖分を補う目的で氷砂糖も一緒に入っています。

㊞三立製菓株式会社
☎053-453-3111（代表）

こんがり香ばしいごま風味。
おやつとしてはもちろん、備蓄用としても役立ちます。

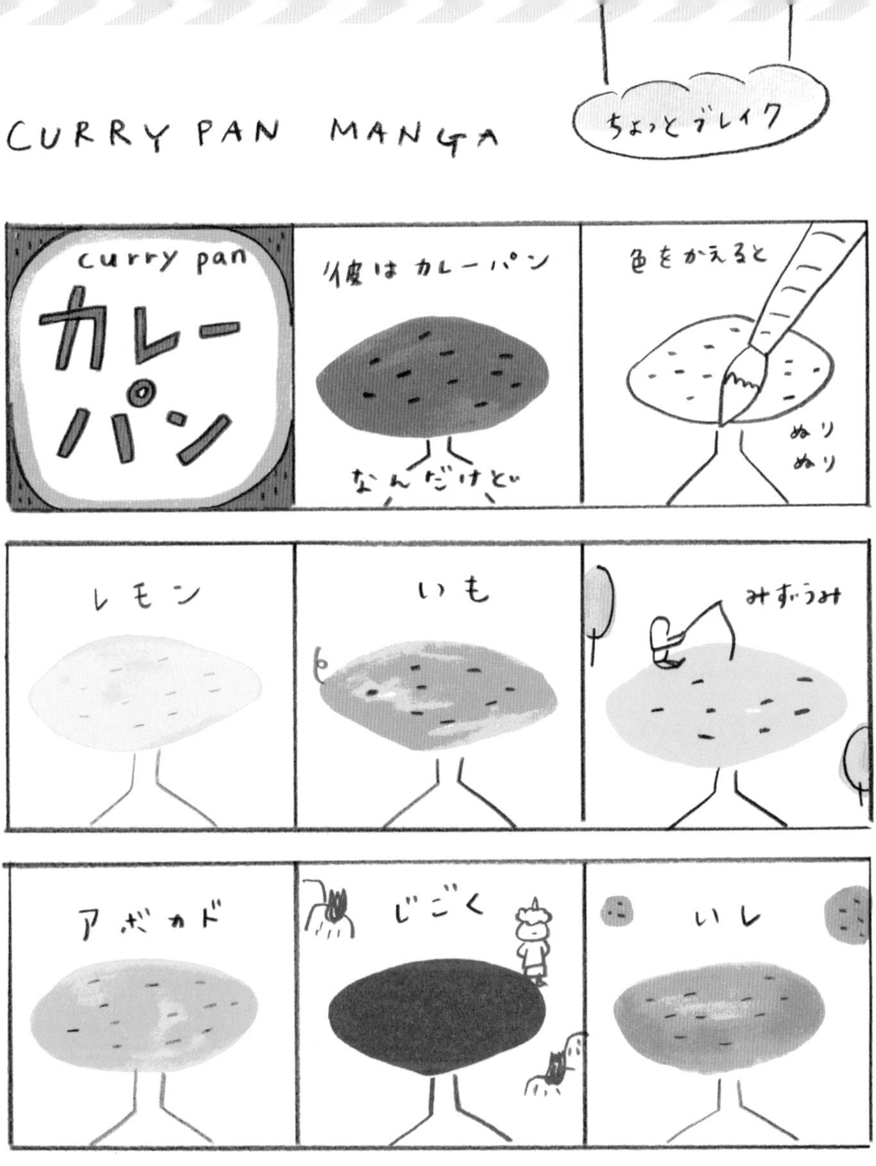
CURRY PAN MANGA
ちょっとブレイク
curry pan
カレーパン
彼はカレーパン
なんだけど
色をかえると
ぬりぬり
レモン
いも
みずうみ
アボカド
じごく
いし
何にでもなれる
でも彼は
カレーパン
ほかほか

きせつ【季節】

季節によってパンの消費量は変わります。春は気候がよく、ピクニックや旅行などでイベントが増えるのでパンの消費量も増えます。それに比べ、夏は暑いため素麺などのさっぱりした食べ物の消費が目立ち、パンへの消費が少なくなります。しかし、涼しくなり秋に近づくにつれて徐々にパンの消費量も増え、雑誌やテレビでもパン特集が増えてきます。冬は寒くなるので、あたたかいパンが食され、その消費は春まで続きます。天然酵母のパン屋さんは、夏と冬は酵母の管理が難しいため長いお休みをとる場合もあります。

きっさてん【喫茶店】

喫茶店といえばモーニング。モーニングといえば名古屋名物。モーニングタイムにドリンクを頼むと、トーストとゆで玉子のオマケがついてくるのが名古屋では当たり前ですが、いつも気になるのが玉子の存在。食べるタイミングがよくわかりません。名古屋の人を観察していると、トーストをすっかり食べ終えてからおもむろに殻をむいて食べていました。理由を聞くと「お皿が空かないと、むいた殻をおく場所がないじゃん！」とのことでした。

トーストにあんこがのった小倉トーストは溶けたバターとの相性抜群で、文句なくおいしい。ゆで玉子って絶対に必要な存在なのかなと密かに思います。

きつねいろ【きつね色】

料理をする場面で使う表現。きつねのように濃い茶色をしたおいしそうな色のことで、カレーパンやピロシキなどの揚げパンの色を示す時に使います。

キッシュ【quiche】

キッシュの原義は「キッシュ・ロレーヌ」のこと。キッシュ・ロレーヌとは、名前の通り、ロレーヌ地方（現在は合併してグラン・テスト地域圏に）の郷土料理で、パイ生地に卵とクリームを合わせた生地と細切りベーコンを入れてオーブンで焼きあげたものです。現在、キッシュという言葉の意味するところが広がり、おかず系タルトの総称のような形で使われています。難しそうだけど、自宅でも簡単に作ることができます。

きなこぱん【きなこパン】

学校の給食に出てくる、きなこをまぶした揚げパンのこと。最近では、トーストにバターときなこを一緒に塗ったり、きなこを生地に練り込んだり、ポン・デ・ケージョ［→P146］にきなこをまぶしたものなど、きなこを使ったパンの種類も増えています。

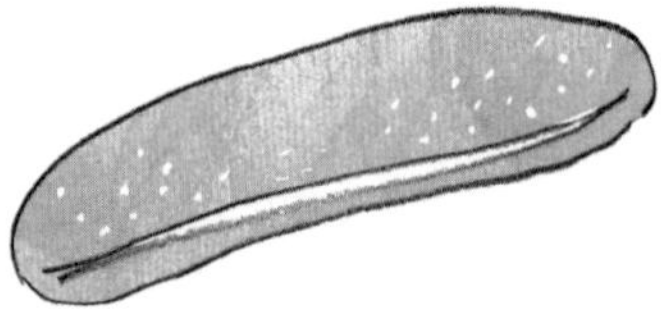

きねんび【記念日】

さまざまな種類があるパンには、その数だけ記念日があります。いつものパンも、記念日を知るだけでもっと楽しくなります。さっそくスケジュール帳に書き込んでおきましょう！

春 Spring

3月13日 サンドウィッチの日
ふたつの「3」で「1」がサンドされていることから。

4月4日 あんぱんの日
1875年明治天皇に木村屋のあんぱんを献上した日。

4月12日 パンの日
1842年日本で初めてパンが焼かれた日。

5月8日 ごはんパンの日
「ごは(58)んパン」の語呂にちなんで。

夏 Summer

6月4日 蒸しパンの日
「むし(64)パン」の語呂にちなんで。

7月20日 ハンバーガーの日
1971年銀座三越1階にマクドナルドの1号店が開店。

8月2日 パンツの日
女性が男性にパンツをプレゼントする日。

8月5日 パン粉の日
「パン(8)コ(5)」の語呂にちなんで。

秋 Autumn

10月3日 ドイツパンの日
1990年東西ドイツが統一されたことから。

11月20日 ピザの日
「ピッツア・マルゲリータ」の名前の由来になったイタリア王妃マルゲリータの誕生日。

毎月10日 コッペパンの日
1913年コッペパンの元祖とされるパンを焼いた丸十製パンの「十」から毎月10日に。

冬 Winter

12月頃 シュトーレン
クリスマスを楽しみにしながら毎日少しずつスライスしたシュトレーンを食べる。

1月6日 ガレット・デ・ロワ
公現祭の日にガレット・デ・ロワというお菓子を食べ、小さな陶器が当たった人に1年間幸せが続くといわれている。

1月25日 ホットケーキの日
1920年北海道で日本の観測史上最低気温-41.0°Cを観測したことから、ホットケーキを食べて暖まってもらいたいということから。

きむらや【木村屋】

あんぱんといえば銀座の木村屋が発祥ですが、町を歩いていると『木村屋』『木村家』『キムラヤ』……、“きむらや”の看板をよく見かけます。何か違いはあるのでしょうか。明治2年、創業者の木村安兵衛さんが芝日陰町（現在の新橋駅付近）に『文英堂』の屋号で創業しましたが、その年の大火で焼失。翌明治3年に尾張町（現在の銀座5丁目付近）に『木村屋』の屋号で再開しました。それが現在の会社名『株式会社 木村屋總本店』の前身となりました。各店舗名の『木村家』は銀座本店に掲げている山岡鉄舟さんの書による看板「木村家」が由来とされており、木村屋で修業し立派な職人になった人へのれん分けをする時に「木村屋一家」という意味を込めて授けた屋号でもありました。明治35年には、木村屋3代目・木村儀四郎さんの呼びかけにより、支店やのれん分けの店舗で作られた『木村屋世襲会（その後、木村屋睦会と変更）』が発足し、毎年5月9日に祖先祭を行っています。のれん分け制度はすでに廃止されていますが、1番多い時で約140店舗ほどあったそうです。（現在は約30店舗ほど）

ⓘ銀座木村家 銀座本店
東京都中央区銀座4-5-7
☎03-3561-0091（代）

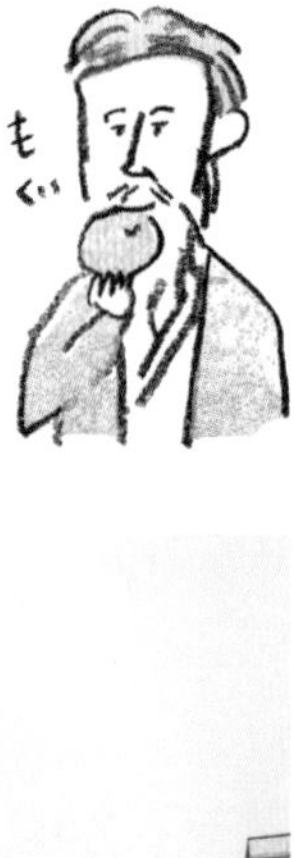

山岡鉄舟
幕末・明治前期の剣客、政治家。あんぱん好き。

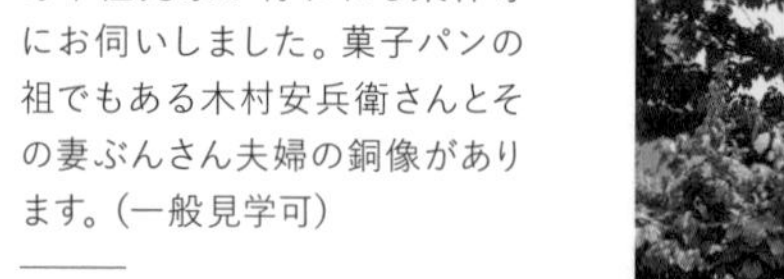

毎年祖先祭が行われる東禅寺にお伺いしました。菓子パンの祖でもある木村安兵衛さんとその妻ぶんさん夫婦の銅像があります。（一般見学可）

ⓘ東禅寺
東京都台東区東浅草2-12-13
☎03-3873-4212

きゅーぶぱん【キューブパン】

四角い形をした菓子パンで、中にはあんこやカスタードクリームが入っていることが多いです。手のひらにのるぐらいのサイズです。

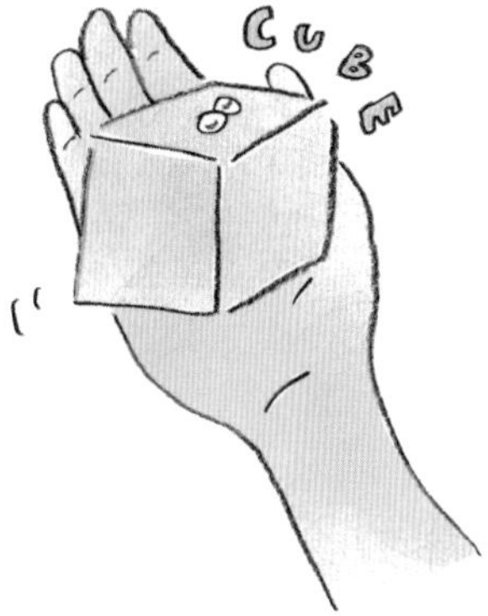

きゅうしょくぱん【給食パン】

小学校や中学校の給食の時間に出てくるパン。全国各地それぞれ異なるようですが、私の記憶はこんな感じです。

ぎゅうにゅう【牛乳】

①菓子パンに牛乳は定番。水ではなく牛乳で仕込んだパンを「パン・オ・レ」といいます。（レはフランス語で“牛乳”という意味です。）

②京都に牛乳ティスティングイベントなどを開催している「ミルク王子」という青年がいます。「おいしい牛乳は、とにかくあっさり&甘み。とにかく甘みが特徴的なんです♪」と王子はおっしゃっています。王子の選ぶ牛乳パックのパッケージや牛乳瓶はすてきなデザインが多いのでその点にも注目。

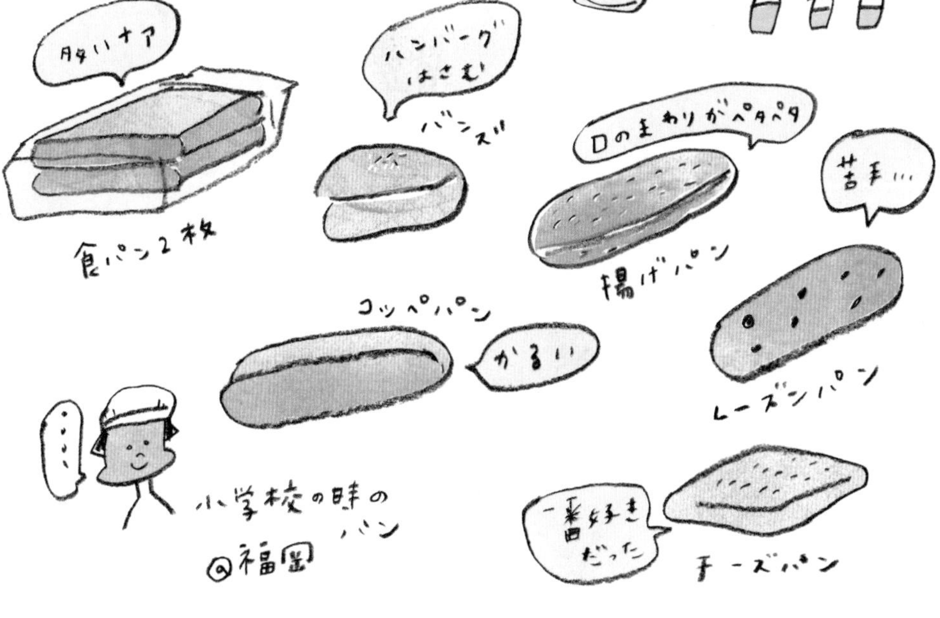

ユメのキョート

きょうと【京都】

すてきなパン屋さんが密集する町、京都。パンだけをただひたすら求めて住んでみた6年間の京都暮らしの日々。

＊実は京都、パン消費量1・2位を争う都市でした

きりかた【切り方】

焼きたてのパンはうまく切れないので、少し冷めてからパン切りナイフで切りましょう。パン切りナイフがない時は包丁の刃をお湯であたためるとスムーズに切ることができます。また、上に向かって伸びるパンの気泡を垂直に切るか、または水平に切るか、パンを切る方向によっても食感が変わります。

・垂直に切る…気泡が上に伸びているので軽い食感、引きが強い。
・水平に切る…気泡の数が多い。歯切れがよい。

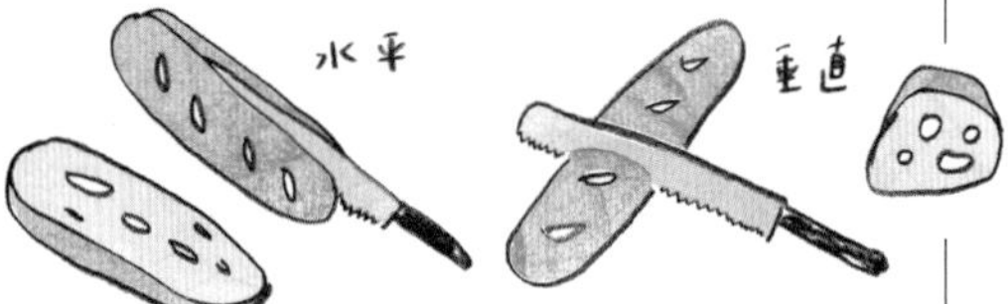

ぎりしあしんわ【ギリシア神話】

①ギリシア神話に登場する羊飼いと音楽の神様を「パン」といいます。葦で作られたパンフルートという笛をもつ陽気な神様。 ②ギリシア神話に登場する人類最初の女性を「パンドラ」といいます。神ゼウスから、決して開けてはいけないといわれた箱を好奇心から開けてしまい、すべての「悪」が人間の世界に飛び出しました。でも、あわてて蓋をしたので「希望」だけが残ったそうです。ほっ。

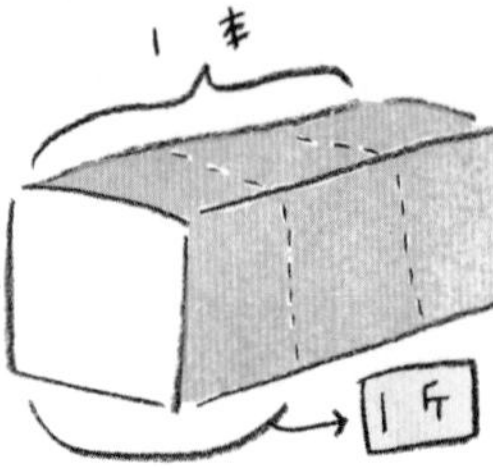

きん【斤】

1本から3斤とれます。

食パンの計量の単位。1斤=340gです。

きんぐぱん【キングパン】

北九州市の門司では誰でも知ってるポピュラーなパン。見た目はメロンパンに似ており、クッキー生地をホイロ（発酵器）で発酵させてから焼きます。（メロンパンは常温発酵）表面にアーモンドスライスがのっておりカリカリとしているのが特徴です。門司の『ベーカリーヤング』が発祥とされています。

ぎんちょこ【銀チョコ】

ホワイトクリームを挟んだコッペパンの上にチョコをかけた菓子パン。銀色のアルミホイルに包まれていることから「銀チョコ」という名前になりました。福岡の『ドンバル堂』が元祖とされています。無性に食べたくなるあのパサこってり感。

＊パンドラの箱は、「開けてはいけないもの」「災いをもたらす触れてはいけないもの」を意味する言葉として現代でも使われています。

クイックブレッド【quick bread】

イーストの代わりにベーキングパウダーを使って作る発酵いらずのパン。ボールに、小麦粉、ベーキングパウダー、砂糖、塩、水を入れてざっくり混ぜ合わせオーブンで焼くだけの簡単なパンなので、食べたいと思った時にすぐに用意できます。ソーダブレッド[→P92]もこの一種。

クグロフ【kouglof】

イーストを使って発酵させたブリオッシュ生地に干しぶどうなどを入れて焼いたお菓子。アルザス地方の伝統菓子でパン屋さんでも見かけます。マリー・アントワネット[→P151]も好物だったそうです。

クープ【coupe】

フランスパンの窯入れ前に入れる切れ目。クープナイフを使います。

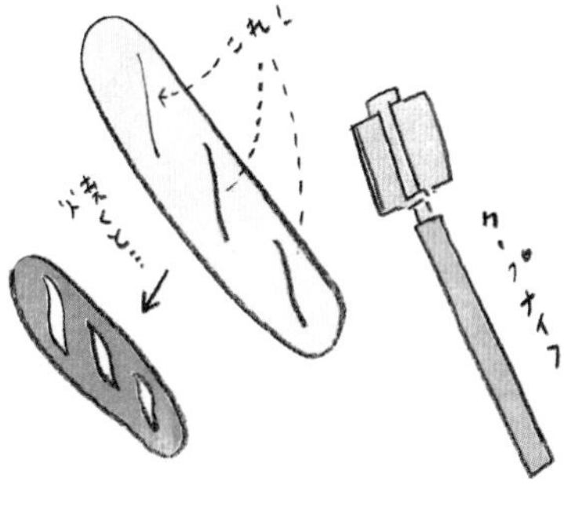

くつ【靴】

リトアニア・ヴィリニュスを拠点に活動するアーティスト集団『MOTHER ELEGANZA』によって作られた“BREAD SHOES”。本物のパンを使っているため少数限定生産。彫刻美術作品のように手づくりされています。
＊実際に履くことはできません。

ⓘMOTHER ELEGANZA
http://mothereleganza.com
photo= DADADA studio

クッペ【coupe】

フランス語で“切る”という意味で、真ん中に一筋入ったクープが特徴のラグビーボール型のパン。配合はバゲットと一緒で、ふっくらとしたクラムを味わうことができるフランスパン。

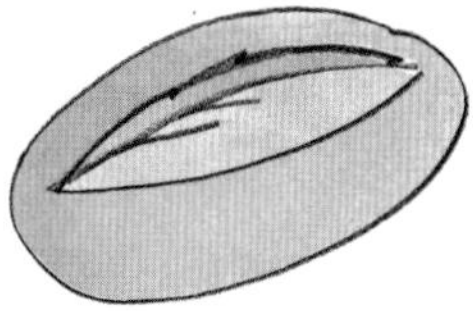

クネッケブロート【knäckebröd】

スウェーデンのダーラナ地方で日常的に食べられているライ麦平焼きパン。“パリパリとしたパン”という意味で、チーズやサーモンをのせておやつやおつまみとしていただきます。

くまたぱん【くまたぱん】

福島県民の間では有名なお饅頭。黒糖水を混ぜた小麦粉生地に、こしあんを包み込み砂糖をまぶしたお菓子でパンではありません。「ぞうりぱん」とも呼ばれています。福島地方では蒸したものを「饅頭」、焼いたものを「ぱん」といっていたため「ぱん」という名前をつけたそうです。全国菓子博栄誉金賞受賞。

㊐くまたぱん本舗
☎0248-73-2941

クラスト【crust】

パンの表皮のこと。㊛クラム

ぐらたんぱん【グラタンパン】

丸いフランスパンの真ん中をくり抜き、中にグラタンを詰めチーズをのせてオーブントースターで焼いたパン。家庭では前日作ったシチューの残りを詰める場合が多いです。使うパンは、気分によって食パンやロールパンなどさまざま。パンを細かく切って、グラタンと一緒にオーブンで焼いたものは「パングラタン」と呼ばれます。

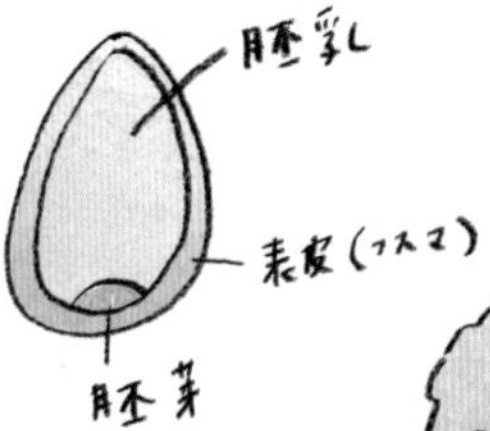

ぐらはむこ【グラハム粉】

胚乳は小麦粉と同じように挽いて、表皮や胚芽は、粗挽きにして混ぜ合わせたもの。食物繊維、ミネラルが豊富で健康によいです。全粒粉と似ているけれど、製法が異なります。

クラム【crumb】

パンの中身やわらかい部分のこと
㊛クラスト

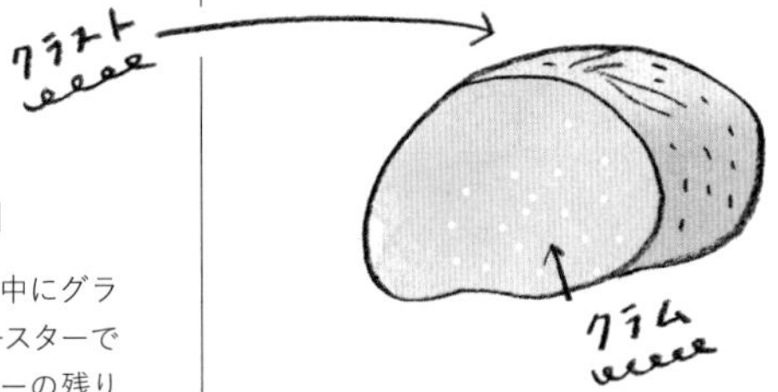

くりーむぱん【クリームパン】

1904年、『新宿中村屋』の創業者、相馬愛蔵（そうまあいぞう）さんが、初めて食べたシュークリームに感動してそれをパンに応用したのが始まりとされています。発売当時は柏餅型だったそうですが、発酵の時に空洞が生じるのを防ぐ為に切れ目を入れるようになりました。ベースボールがアメリカから伝わり人気を博したことからグローブの形になったという説もあります。

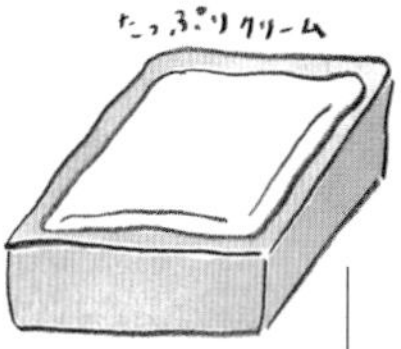

くりーむぼっくす

【クリームボックス】

福島県郡山市周辺でのみ販売されている菓子パン。小さめの厚切り食パンの上に練乳クリームがたっぷりのっています。パン屋さん以外にもコンビニや学校の売店などでも販売されており、郡山市民にとっては定番の菓子パンとして人気です。

くりすます【クリスマス】

クリスマスが近づくと、ケーキ屋さんだけでなくパン屋さんも大忙し。パン屋さんのショーウインドウにはたくさんの細工パンが並び、町はクリスマス一色。ヨーロッパではクリスマスを祝うために特別なパンやお菓子を作ります。ドイツでは「シュトーレン」[→P87]、イタリアでは「パネトーネ」[→P121]、オーストリアでは「クグロフ」[→P65]など。スイスではサンタクロースのモデルとされている聖ニコラウスがパン職人の守護神でもあったため、子ども達はプレゼントにパンで作った人形をもらうそうです。

グリッシーニ【grissini】

イタリアのレストランでは定番の細長いクラッカーのようなパン。生ハムを巻く。

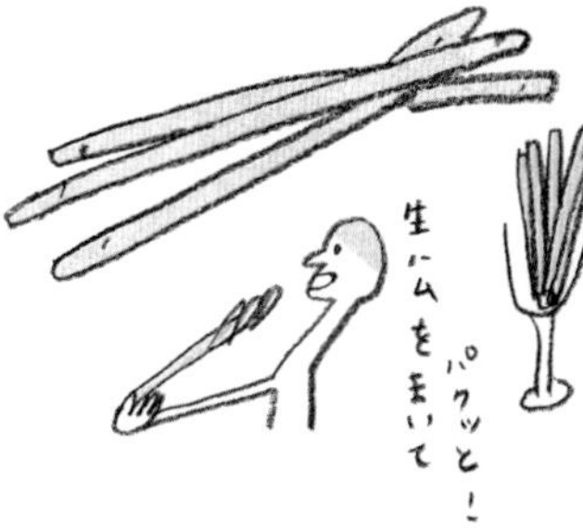

グルテン【gluten】

小麦粉に含まれるタンパク質であるグルテニンとグリアジンが水を加えて練ることで絡み合いグルテンというゴム状の組織が形成されます。グルテンは、パンを作る上でとても大事な存在で、パンがふくらむ時はチューインガムのようになります。

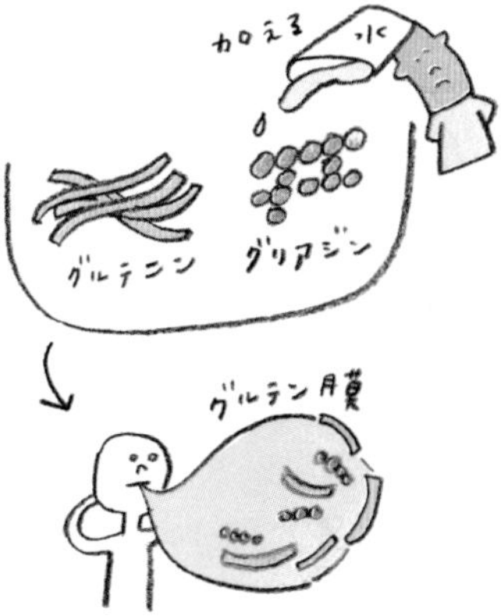

クルトン【croûton】

硬くなったパンを小さくサイコロ状に切って、焼いたり揚げたりしたもの。コーンスープの浮き実や、サラダのトッピングに使います。

くるみぱん【くるみパン】

カリッとしたくるみの香ばしさがアクセントのパン。くるみの渋皮の影響でクラムが薄紫色なのが特徴。『東風』[→P73・161]のくるみパンを食べた時のしみじみとしたおいしさは忘れられません。形や大きさはお店によってさまざま。

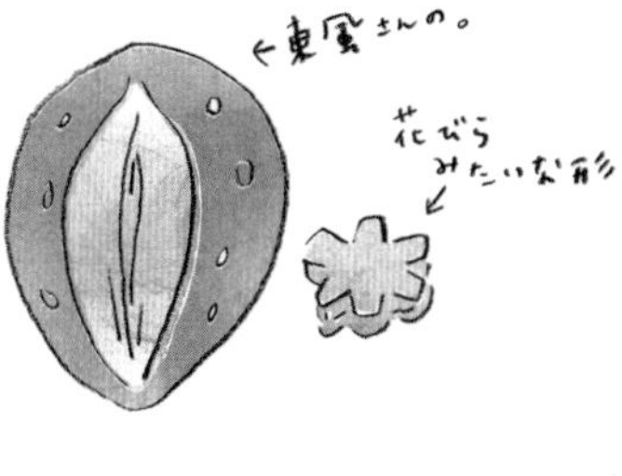

クレープ【crêpe】

フランスのブルターニュ地方が発祥の薄焼きパンケーキ。“絹のようになめらか”という意味があるそうです。日本では、クレープといえば原宿竹下通りで長蛇の列というイメージが思い浮かびます。

クロックマダム【croque-madame】

食パンにハムとチーズを挟んで軽く焼き、上に目玉焼きをのせたフランス発祥の伝統的なトースト。クロックは“カリカリ”という意味。

クロックムッシュ【croque-monsieur】

こちらは、食パンにハムとチーズを挟んで軽く焼き、ベシャメルソースを塗ったものです。

くろぱん【黒パン】

ロシアやドイツでよく食べられているライ麦を使ったパンの総称。ずっしり重たいものが多いです。
㊎白パン

クロワッサン【croissant】

フランス語で“三日月”という意味のパン。元はオーストリア発祥で、17世紀後半トルコ軍がオーストリアに侵入するため地下トンネルを掘っていたところ、早起きのパン職人がそれに気づきトルコ軍を撃退することができました。その勝利を記念してトルコ国旗の三日月をかたどったパンを焼いたことがはじまりといわれています。その後、オーストリアからフランスに嫁いだマリー・アントワネット [→P151] によってフランスへ伝えられました。

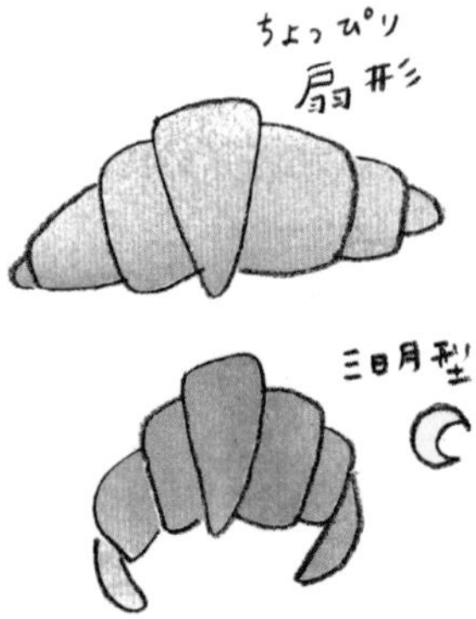

クロテッドクリーム【clotted cream】

脂肪分の高い牛乳からできた乳脂肪分60〜70%のクリーム。スコーンの横に添えられていることが多いです。少しパサパサとしたスコーン生地に、もったりとしたクリームが合います。

げいじゅつ【芸術】

美術家・益永梢子さんによる朝食の食パンに絵を描いて記録し食べる365日のプロジェクト「Abstract Butter」。食パンに使う画材はジャムやペーストなどの食材が使われているので、描いた後はそのまま胃の中へ。カラフルな食パン達を眺めているとパンと芸術の果てしない広がりを感じずにはいられません。

ⓘ益永梢子

1980年大阪生まれ。2000年成安造形短期大学卒業。2006年活動拠点を東京へ移し現在都内在住。主な展覧会に2012年「アーツチャレンジ2012」入賞、個展「Abstract butter」(Nidi gallery)など。
http://shokomasunaga.tumblr.com/

けいはんしん【京阪神】

全国のパン消費金額を見てみると……。

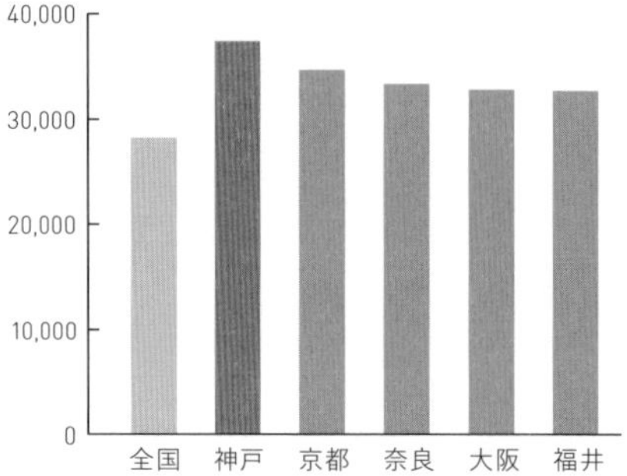

出典：総務省「家計調査」平成22〜24年平均

1位の神戸は、150円のパンを年間約250個食べている計算になります！

この調査結果をみると近畿地方、特に京阪神地域に集中しているのがわかります。理由は、古くから外国との交流が盛んだった神戸にはパン食文化が根付いている、職人が多い京都では作業の合間に手軽に食べられるパンが好まれた、など諸説さまざま。そういわれてみると周りにはパン屋さんが多いかも、朝食はいつもパンだ！　と気づく方もいるのではないかと思います。雑誌のパン特集などをパラパラとめくって見ていると、気になる印がつくのはなぜか京阪神地域ばかり。京都や奈良にはパン以外にお寺もあるし、大阪や神戸も雑貨店や美術館など見どころ満載。パン屋さん巡りを楽しみながら観光もできます。地元の人には日常のパンとして、観光客にとっては非日常なパンと街を楽しめる地域といえるでしょう。

けしごむ【消しゴム】

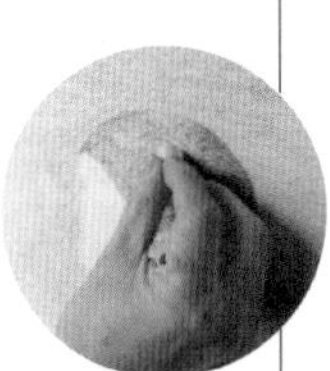

木炭デッサンの時に食パンを消しゴムとして使うことがあり、それを「消しパン」といいます。画家の林哲夫さんのアトリエにお邪魔すると、他にも素敵なパンの絵が飾られておりドキドキしました。

けんこうパン【健康パン】

2012年のお正月に沖縄へ行ったときのこと。沖縄においしいパン屋さんが続々と増えているらしい、と聞いていたので楽しみにしていましたが、お正月に開いているパン屋さんはありませんでした。そんな時に出合ったのがスーパーで販売されていた『健康パン』。なんともいえないパッケージに一目惚れ。『健康パン』の由来は、戦後間もない食料事情の厳しい頃、栄養価の高い食べ物がパンだったこともあり、少しでも食生活の改善することを願って名付けられたそうです。発売から60年の歴史あるパン。両ミミ合わせて16枚入り。

㊣(株)ぐしけん
　0120-113-564

ゲストハウス【guesthouse】

古代ローマ時代の詩人ユウェナリスがローマ帝国の世相を比喩して表現した「パンとサーカス」という有名な言葉。権力のある人から無償でパン(=食糧)とサーカス(=娯楽)を与えられることによって、正しい判断ができなくなっている市民のことを表しています。さて時代は変わり、京都に『パンとサーカス』なるゲストハウスがあるということで、その由来をお聞きしてみました。「ごはん(=パン)とサーカスと寺子屋的な楽しさもある。それはやっぱりおもしろくて楽しい場所だと思うんです」とマネージャーのKojimaさん。マイナスの意味を表す言葉を逆手にとって生まれた場所で、毎日違う場所から人が集まり、一緒にゴハンを食べ会話をし、知らぬ間につながりができる。日々進化する不思議な雰囲気のあるゲストハウスでした。

ⓘパンとサーカス
　2016年6月におしまれつつ閉店しました。

築100年の元質屋をリノベーションし2011年にOPEN。内装や家具にもこだわっている素敵な空間です。NY在住のアンティーク家具バイヤー、ゲストハウス『ムーンパレスNY』の経営者榎本大輔さんと、京都の老舗呉服屋のオーナー山田晋也さんが共同経営。1階はバーで、イベントや展示も開催しており宿泊客以外も利用できます。

こうかすいぱん【高加水パン】

イーストを少なくし、たっぷりの水でゆるませた生地を窯の中で気泡膜を縦にのばすパンの作り方。舌あたりがモチモチ、クラムがつやつやとしているのが特徴。柔道でいうと、力強く攻めるだけでなく相手（生地）の力をうまく使って攻めるような雰囲気に似ています。

こうすい【硬水】

カルシウムやマグネシウムを多く含む水のこと。ヨーロッパでよく見かけます。日本のパンはほとんどがグルテンを形成しやすい軟水で仕込まれていますが、バゲットだけは硬水で仕込むというパン屋さんもいます。バゲットの本場、フランスでは硬水で仕込むのが一般的で、水によって味が全く変わるそうです。恐るべし水パワー。菓子・料理研究家の山本ゆりこさんも水の謎について言及しています。詳しくはP93へ。

こうちゃ【紅茶】

お茶の葉を発酵させた飲み物。パンのように微生物の発酵ではなく、お茶の葉に最初から含まれている酸化酵素による発酵です。個人的にサンドウィッチには紅茶が一番合うと思います。

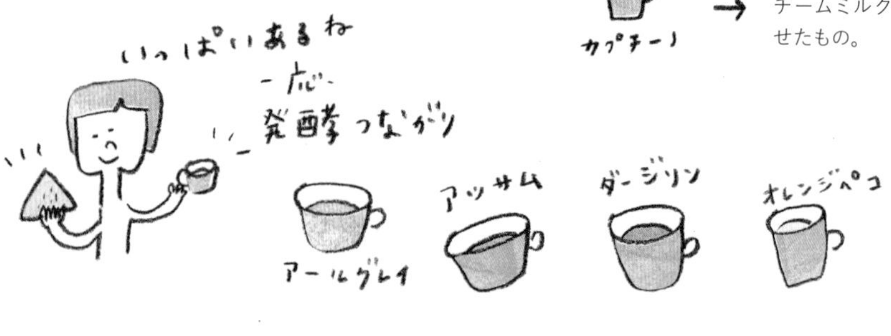

コーヒー【珈琲/coffee】

パンとコーヒー、この組み合わせを見るだけでワクワクしてきませんか。表参道にある『パンとエスプレッソと』という名前のパン屋さんを見たときは心踊りました。シナモンロールにも合うし、クロワッサンにも、あんパンにも。あんバタとかも最高！　こってりとした甘さのパンにブラックコーヒーという組み合わせが好きです。

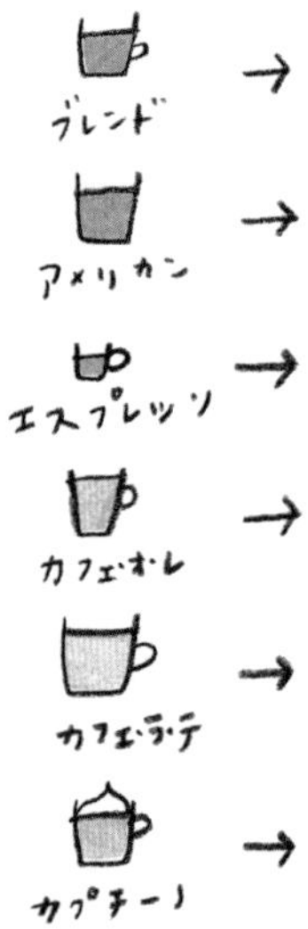

ブレンド → 数種類の豆をブレンドしたコーヒー。

アメリカン → 浅煎りのドリップコーヒー。薄め。

エスプレッソ → 濃い。ちいさなコップでグイと飲む。

カフェ・オ・レ → コーヒーに牛乳を混ぜたもの。

カフェ・ラ・テ → エスプレッソに牛乳を混ぜたもの。

カプチーノ → カフェ・ラ・テにスチームミルクをのせたもの。

こーひーろーる【コーヒーロール】

菓子パン生地にコーヒーの粉末を巻き込んで焼きあげ、仕上げにコーヒーアイシングを乗せたパン。見た目はシナモンロールに似ています。コッペパンにコーヒークリームを挟んだパンは「コーヒーパン」。こちらは昔ながらのパン屋さんに並んでいることが多いです。

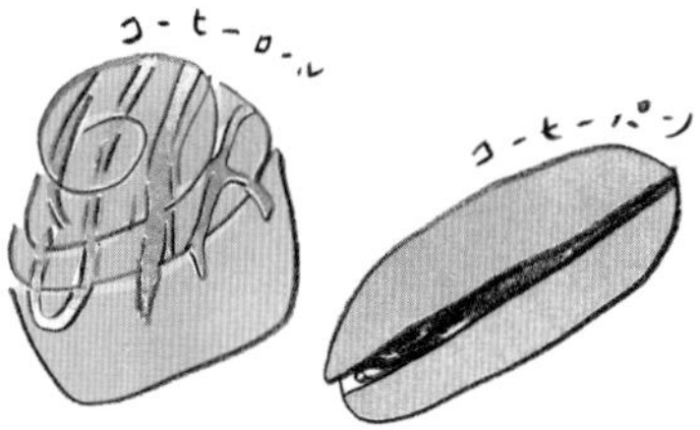

こーんぱん【コーンパン】

コーンを生地に練り込んだフランス生地の丸パン。ドンク［→P105］が生みだした看板商品としても有名。ほんのり甘いコーンがプチッとはじけ、シンプルだけどくせになる味。ころっとした小さいサイズなら2つはペロリといけそうです。菓子パン生地にマヨネーズで和えたコーンを上にのせたパンも人気。

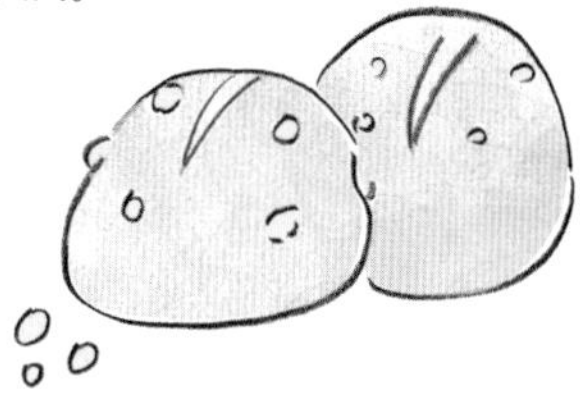

コーンブレッド【corn bread】 

とうもろこしを挽いた粉（コーングリッツ）に、小麦粉、ベーキングパウダー、牛乳などを混ぜて焼いたパン。アメリカでは日常的に食べられています。

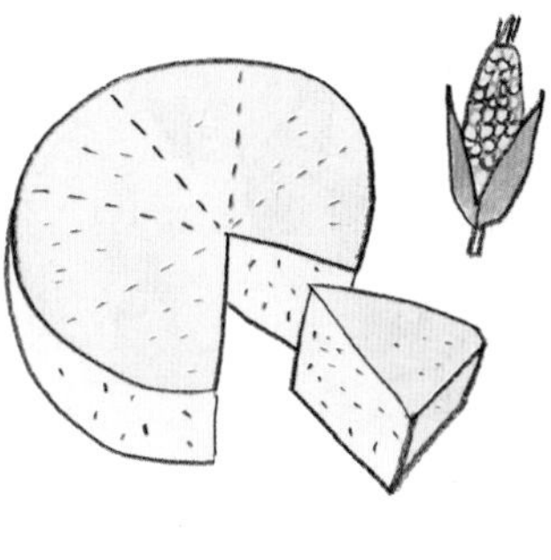

こち【東風】

京都市左京区にかつてあったパン屋さんの名前。製造から販売まで店主の森訓子さんが1人で切り盛りしており、パンがおいしいのはもちろん、そのお人柄もエッセンスとなり地元の方を始めとして全国からもファンが訪れる人気のお店でした。私にとっては人生を変えたパン屋さん。その理由を語りましたので、詳しくはP161へ。

こっぺぱん【コッペパン】

学校給食の定番パンで、フランス語の「クッペ」［→P65］からきています。真ん中に切り込みを入れて、お好みのものを挟んでいただきましょう。コッペパンというと「メロンパン」のことを指す地域もあります。

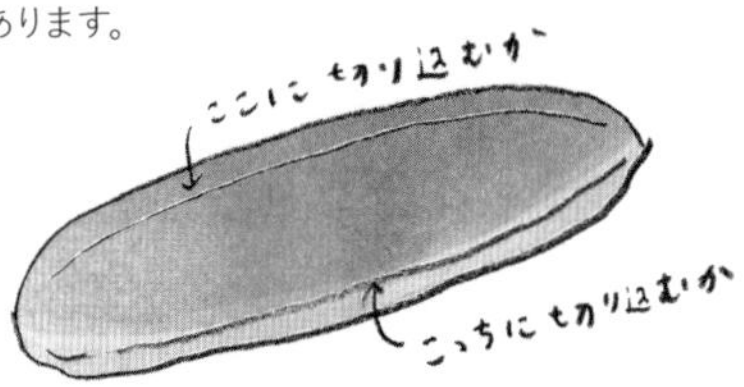

ごとうちぱん【ご当地パン】

その土地でしか味わえないローカルなパンのこと。札幌市のちくわパン［→P98］、富山県のヒスイパン［→P131］、滋賀県のサラダパン［→P100【つるやパン】］など。その土地で昔からそれらのパンを食べている方は、「ご当地パン」だと知らずに過ごしていることが多く、他府県に引っ越した時などに「あのパンがない！」と驚くことがあるそうです。通信販売可能なパン屋さんもあります。

ことわざ【諺】

[→P112とP113の間へ！]

ごぱん【ゴパン】

小麦粉のかわりに家庭にあるお米で簡単にパンが作れる機械『GOPAN』のこと。その土地ならではのお米で作られたご当地ゴパンもたくさんあります。

ⓘパナソニック　お客様ご相談センター
　0120-878-365

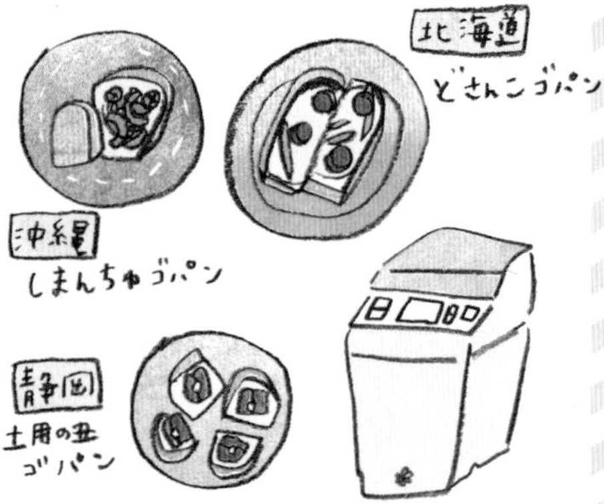

ごまぱん【ごまパン】

ごまを練り込んだ香ばしいパン。黒ごまを使った丸パンが一般的。食パンの形になるとクラムの色がさらに黒くなっている場合が多く、サンドウィッチ用として使われレタスやハムとの相性がよいです。個人的に好きなのは、カレー味の鶏肉を挟んだもの。

こむぎこ【小麦粉】

パン作りの屋台骨。小麦を挽いて作られた粉で炭水化物、タンパク質、水分で成り立っています。タンパク質の含有量で粉の名前とその用途も変わります。タンパク質に水を加えてこねることによって、グルテン[→P67]が形成され、その含有量が多いほど、強じんなグルテンが作られパン作りに適した粉となります。

協力　大陽製粉（株）
　　　福岡市中央区那の津4-2-22
　　　☎092-713-1771

強力粉

タンパク質含有量…12%前後
用途…食パン、菓子パン
一般的にパン作りによく使われる粉。ふっくらと仕上がります。

準強力粉

タンパク質含有量…11%前後
用途…フランスパン、中華めん
ふっくらとしたボリュームよりも粉本来の風味を味わうパンに使用します。

中力粉

タンパク質含有量…9%前後
用途…うどん
もっちりとした仕上がり。パンに使われることもあります。

薄力粉

タンパク質含有量…8%前後
用途…お菓子、天ぷら
膨らみが少ないので残念ながらパンには不向きですがお菓子には最適です。

こめこぱん【米粉パン】

小麦粉のかわりに米粉から作ったパンのこと。ゴパンは「お米」を使いますが、米粉パンは、「お米を粉にしたもの」を使います。やはり元はお米、もちっとした食感が特徴です。近年、学校給食でも取り入れつつあるとか。

ころっけぱん【コロッケパン】

コッペパンにコロッケとキャベツの千切りを挟んだもの。もぐもぐもぐと押し込むように三口くらいで食べるのがおすすめです。カツサンドより軽い味わいで、元気を出したい時のおやつにぴったり。バンズに挟むハンバーガータイプもあります。

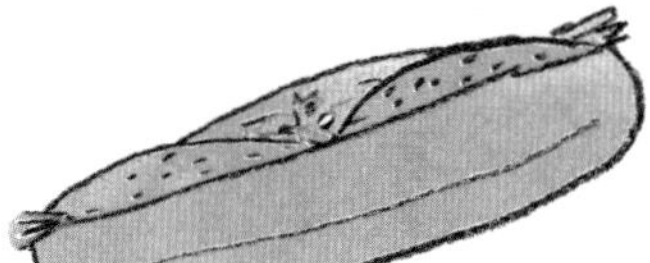

ころね【コロネ】

名前の由来はフランス語の“角（corne）”や、英語の“コルネット（cornet）”という管楽器からだそうです。円錐形のコロネ型に生地を巻きつけて焼くのですが、この工程が難しい。揚げたコロネのうえにアイスをのせた浜松発祥のお菓子「アイスコルネット」もあります。

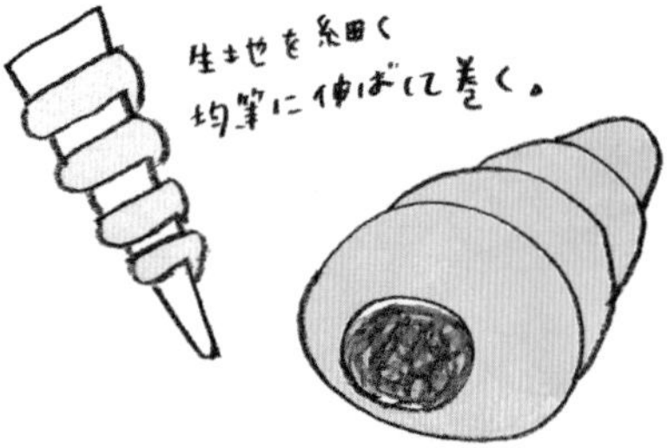

コロンバ【colomba】

復活祭で食べられる発酵菓子。イタリア語の“鳩(colombo)”をモチーフとした形で、オレンジピールが入ったパネトーネ生地で作られています。

コンパニオン【companion/compagnon】

展示会やショーなどで案内をする女性のこと。語源はラテン語の「一緒に(com)」と「パン(panis)」という言葉からで“一緒にパンを食べる人”という意味になります。会社という意味のカンパニー(company)も語源は一緒です。

こんびにぱん【コンビニパン】

コンビニエンスストアで販売しているパン。そのお店ならではのプライベートブランドの商品が並んでいたりして毎日通っても把握はできません。それが、ワクワク感を募らせる。高校生が甘辛取り混ぜて購入している姿がよいですね。

コンフィチュール【confiture】

フランス語でジャム[→P86]のこと。

パン×本

へんなふんいきだが
ひんのよいぱんのほん

山下賢二

僕は京都で本屋をやっておるのですが、その日、ニヤニヤした女の子が店内をウロついているのに僕は感づいていました。その子は、何冊かの遊び心ある本を選んでレジを済ますと、僕に話しかけました。ニヤニヤしていたのでこちらもただニタニタしていたのですが、どうやら自分の作った『ぱんとたまねぎ』という冊子を置いて欲しいということらしいのです。

創刊号と書かれたその小さな無料の本は不思議な存在感のあるレイアウトでした。中身は、パン愛に溢れた記事が並んでいて、一丁前に自分の好きなパン屋にインタビューなどを試みておりました。自分の思いをただ一方的に書き連ねたものではなく、一つの情報メディアとして機能させようという意思がそこには感じられ、それはデザインやイラストレーションに気を使っている点でも小さな輝きを放っていたのです。

その後、順調に毎号出来上がっていく中で僕が勝手に名付けている印象的な号は、フランスパンの形でパンの紙袋に入った〈ぱんのほん号〉や、紙を丸めた上に紐がかけてあり、バケットを入れるようなカゴに設置した〈めんどくさい号〉、彼女が子どもの頃にお兄さんとブタ鼻をしている写真が表紙の〈ネタ切れ号〉などでしょうか。

いたずら描きのような彼女のセンスは、みるみるうちに各所に飛び火し始め、そのうち彼女はフリーペーパーではなく、自家製のパン本を作り始めたのです。そこに僕も借り出されて、お気に入りのパンを紹介したり、店のスタッフやペットの亀たちも総登場し、彼女のニヤニヤセンスに料理されていきました。

それから何年かまた経って、彼女が京都を離れる時、小さな送別会が開かれました。僕は大幅に遅れていったのですが、彼女は相変わらずのトボけたようなボけた表情で会場におりました。違う町に行っても、また冊子を送ってくれたまえと上から言うと、彼女はただニヤニヤと握手をしました。その落ち着いた大物ぶりに僕は、改めてよろしくお願いいたします！ と最敬礼しました。

やました・けんじ
編集企画グループ・ホホホ座座長。編著に『わたしがカフェをはじめた日』（小学館）など。また京都市左京区にて、ホホホ座のアンテナショップもちゃっかり営業中。なにげに元・ガケ書房店主。
http://hohohoza.com/

ぐら

ぐら

ころ

モデル　林哲夫、前川ゆうな

さ

さけ【酒】

ビール、日本酒、焼酎、ワインなどのアルコール分が含まれる飲み物。これらのほとんどはパンと同じ“発酵”という過程を経て造られます。例えばワインは、原料のぶどうを搾ってブドウジュースにした後、空気中に浮遊している酵母（微生物）が加わりブドウの糖分を炭酸ガスとアルコールに分解します（アルコール発酵）。その製造工程もパンと似ていますが、同じ作り方でも環境や作り手によって味がまったく変わってくるのがおもしろいところ。パンとお酒って似ているなと思い親近感を覚えます。

さら【皿】

山型食パンがお皿になってしまいました。同じモチーフですが、作家さんによって異なった世界観を醸し出す。お店によって味が変わるパンのように、お皿にも個性が現れます。

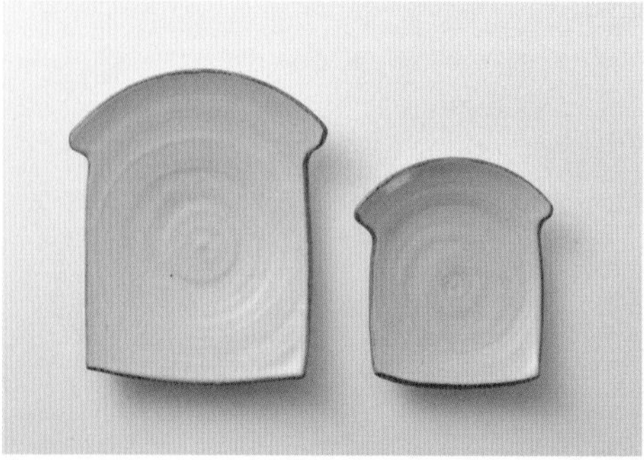

福岡の陶芸家、クボトモコさん作『パンの皿』。この上に食パンを乗せると少し隠れてしまいます。小さな丸パンを2個ほど乗せるとちょうどよいのかもしれません。大きいものと小さいもの2種類あり、小さい方にはジャムを乗せたりします。

ⓘコンガリ舎
https://kongarisha.com

上原連さん、梨恵さんのご夫婦で営む京都の酒器工房、今宵堂さん作。馬をコンセプトにした展示会の際に作られた『皿bread』という名前のお皿。“甘いひととき過ごすなら 餡とバターで召し上がれ”というメッセージで締めくくられた言葉の裏には、盛岡の福田パン[→P138]へのオマージュも含まれているそうです。

ⓘ酒器 今宵堂
http://www.koyoido.com

さらだ【サラダ】

喫茶店のモーニングでトーストを頼むとサラダも付いてきます。そのサラダは千切りキャベツにくし形のトマトときゅうり、ドレッシングはオーロラソースという内容。これだけ長年変わらない組み合わせもあんまりないな〜などと思いながらモシャモシャと食べています。そして、このサラダを自分で作ることは生涯ないだろうな〜とも思います。

ザルツシュタンゲン【salzstangen】

オーストリアを代表する食事パン。ザルツは“塩”、シュタンゲンは“棒”の意味。表面にパラパラとついた岩塩がポイントです。

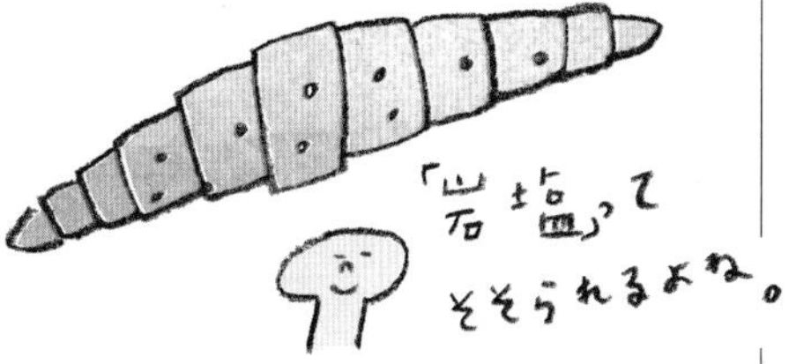

サワークリーム【sour cream】

生クリームに乳酸菌を加えて発酵させた酸味のあるクリーム。うすく切ったライ麦パンに乗せていただきます。酸味がある者同士は仲良し。

サワーブレッド【sour bread】

小麦粉とライ麦粉、水を混ぜたサワー種で作るパン。発酵に時間がかかりますが、菌の作り出す抗生物質により、カビに強く日持ちのするパンができます。㊫黒パン、ライ麦パン

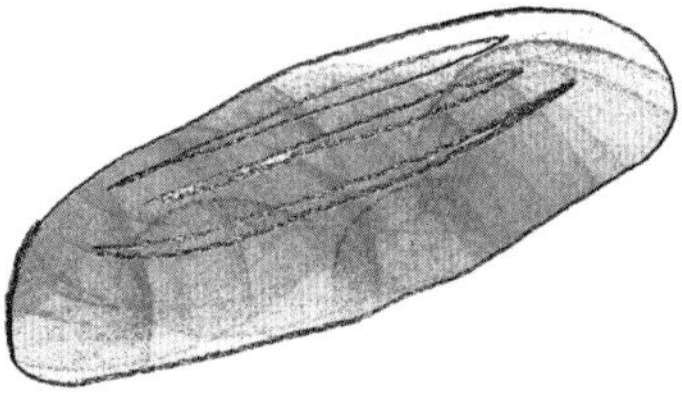

さんぐらす【サングラス】

ロールパンがまゆげみたいにみえる“パングラス”。ダジャレ好きな小金丸彫刻工業(株)[→P125【判子】]作のサングラスです。
＊参考商品

モデル 奥田順平
(KARAIMO BOOKS)

さんじ【三時】

個人パン店で働く職人さんの起床時間。今まで取材にお伺いしたパン屋さんの8割近くがこの時間だと教えてくれました。仕込みは4時から……。パン屋さんは大変!

さんしょくぱん【三色パン】

1つのパンで3つの味が味わえるパン。味の定番はチョコ、クリーム、あんこの3種類。三大菓子パンのひとつとされているジャムパンが入っていないのが心苦しい限りです。さて、どこから食べよう。

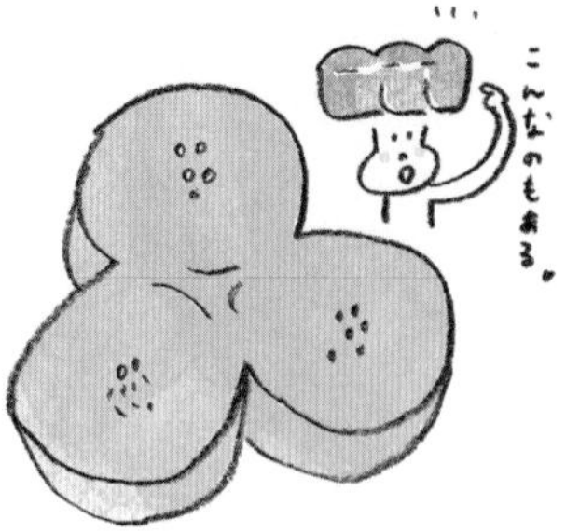

サン・トノレ【Saint Honoré】

パン・菓子職人の守護神、オノレ聖人のこと。フランスでは5月16日がサン・トノレの祝日で、前後の1週間をパン祭り週間として毎年いろんなイベントが開催されています。

サンドウィッチ【sandwich】

①18世紀のイギリスで、カードゲームに熱中したサンドウィッチ伯爵がゲームの合間にも食べられるようにとパンに具材を挟んで作らせたのがはじまりとされています。 ②胴体の前後に看板を貼り街を歩いて宣伝する人のことをサンドウィッチマンといいます。

さんみー【サンミー】

チョコ、ビスケット生地、クリームの3つの味が味わえる大阪のご当地パン。これにいちごジャムが挟まった「ヨンミー」もあるとか。どことなく阪神タイガースの雰囲気がします。

㊐神戸屋お客様センター
☎0120-470-184

さんらいず【サンライズ】

ビスケット生地をのせたパンを関西周辺では「サンライズ」と呼び、アーモンド型で中に白あんやクリームが入ったものを「メロンパン」といいます。「サンライス」と呼ぶ人も少なくないそうで、名前だけ聞くとライス（お米）の親戚みたいです。

SANDWICH MANGA

ちょっとブレイク

食欲

かるた

し【詩】

『うわさはパンのように』　うめの たかし

うわさと聞くと　一瞬わるいイメージがわく
でもよくよく考えると　いいうわさっていうのもあるわけで
うそに　さらに　わ　をかけてひろがったものが
うわさ　なのかもと思った

わたしたちは　言葉で　すべてを言いあらわすことはできない
言葉で　見たもの感じたものを言いあらわすとき
かならず　取りこぼされるものがでてくる
だから　わたしたちの言葉は　すべてうそと言うこともできるわけで

噂という漢字は
口に尊いと書いて　うわさと読む
いいうそをつこう　わをかけて

わたしがついた　いいうそは
ふくふくとパンのようにふくらんで　うわさとなり
野をかけ　山をこえ　川をわたり
ふわふわと　いいにおいをただよわせて
きみ住む町へやってくる

その町にあるパン屋には
いつも焼きたての　いいにおいがただよっていて
わたしのこころも　思わずおどりだしてしまった
うわさのパンをもとめて　走りだしてしまった

いい　うわさをふくらましたいなあと思う
だれかの心に　思わず焼きつくような
いい　想い出をつくりたいなあと思う
口に尊いものを食べながら
いい言葉を口にしながら

うわさはパンのようにふくらんで

うめのたかし
京都在住。古書コショコショ店主／朗読男子／北九州のフリーペーパー『雲のうえのしたで』編集部員。好きなパンは、メロンパンのかたい部分。パンのようにやわらかくいきたいのが、モットー。もっと、人生にパンを！

じーぱん【Gパン】

ジーンズ（jeans）の呼び方。G.I.（アメリカ軍兵士の俗称）パンツを略してGパンと呼ぶ説、「Jパン」としようとしたが「Gパン」になった説さまざまあります。

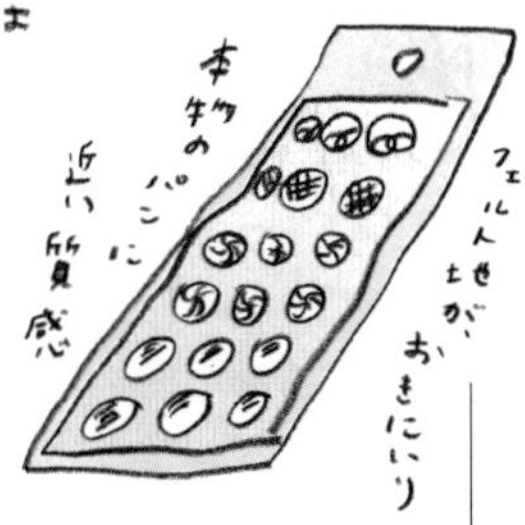

しーる【シール】

パンのシールを集めています。一般的なツヤツヤシールからはじまり、フェルト地、表面がプクプクしたもの、ラメが混ざったもの、大きなステッカー、スケジュール帳用、シールを重ねるとサンドウィッチが作れる、シールを貼り合わせるとパン図鑑が作れるものなど多種多様。シール売り場はいつもキラキラしてみえます。新しいシールと出合った時は、最低同じシールを2セットは買って、ひとつは人に出すお手紙用、もうひとつは保存用とします。シールはよほどの人気商品以外、在庫限りで販売終了の場合が多いので特に気に入ったものは多めに購入しておきます。

しお【塩】

パンを作るうえで重要な存在。使う量は少量ですが入れ忘れると生地にコシがなくなり膨らみが悪くなります。

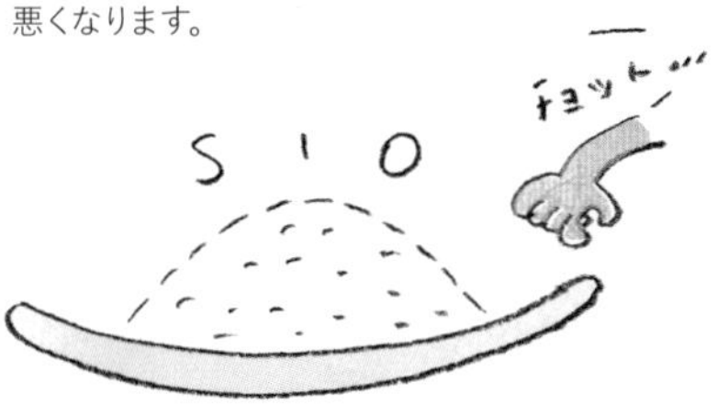

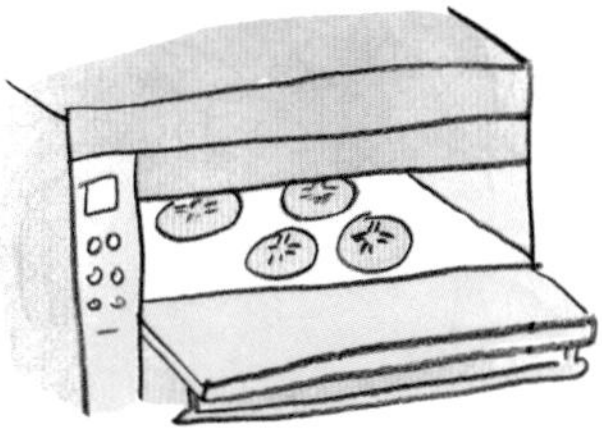

じかやきぱん【直焼きパン】

天板［→P102］にのせずに、オーブンの焼床で直接焼くパン。リーンな配合が多く、ハースブレッドとも呼ばれます。㊮堅焼きパン ㊯型焼きパン

しごのぱん【死後のパン】

紀元前2400年〜1250年の間にエジプトで作られていたパン。亡くなった方に、死後の生活のためにとパンをお墓の中に入れました。

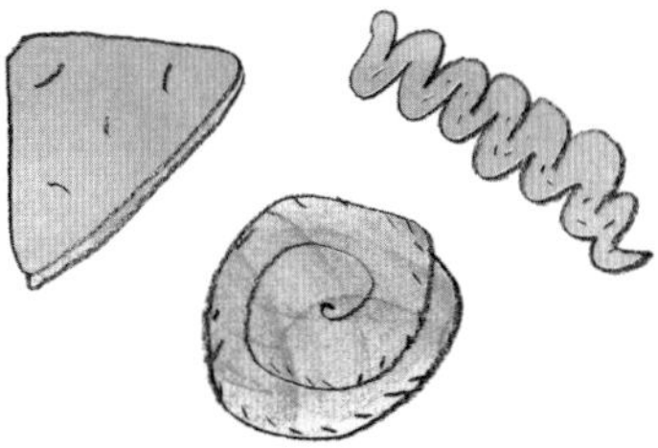

三者間の平等と知恵を表している（左）。とぐろを巻くヘビの形は生と死のくりかえしを意味している（中央）。終わりなき命を表現。（右）

しちゅー【シチュー】

幼い頃（80年代）は「シンプルなパン」といえば食パンしか頭になく、パンに対して執着がなかったのでシチューの横には食パンが沿えられていました。それも焼かずに……。シチューも食パンも単体ならおいしいのに、この組み合わせはなんだかぼんやりしているなぁと幼いながらに思っていました。成長して、フランスパンなるものを知りシチューと一緒に食べると、こちらの方が断然合う！びっくりしました。それからは、シチューとパンが出ても違和感なく食べることができるようになりました。

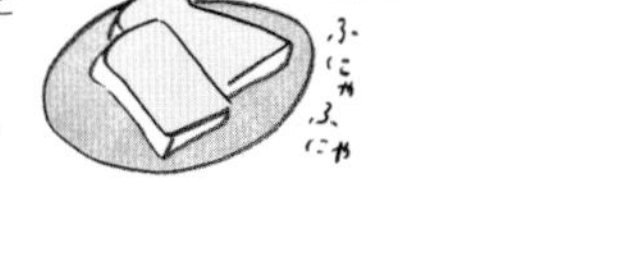

じてんしゃ【自転車】

パン屋巡りにかかせない乗り物。車で行くと駐車に困る場所にあるパン屋でも、電車で乗り継いで行く場所でも、自転車だとスイスイと行けます。京都 [→P62] は特に自転車で巡りやすい町です。

シナモンロール【cinnamon roll】

スウェーデンが発祥とされるペストリー。生地に砂糖とシナモンをふりかけくるくると丸めて焼きます。映画『かもめ食堂』で話題になりました。

しべりあ【シベリア】

羊羹をカステラで挟んだお菓子。お菓子ですがパン屋さんで売っています。

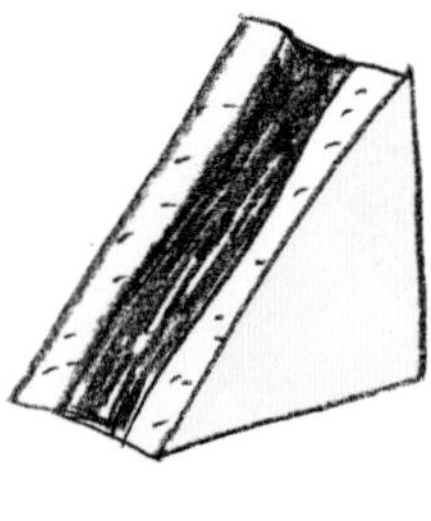

シャオピン【焼餅】

餅(ピン)とは、中国語で小麦粉製品の総称のこと。なので「焼餅」というと鍋や直火で焼く、パンなどを指します。小ぶりの丸パンはまん中を割って中にお肉などを挟んで食べます。

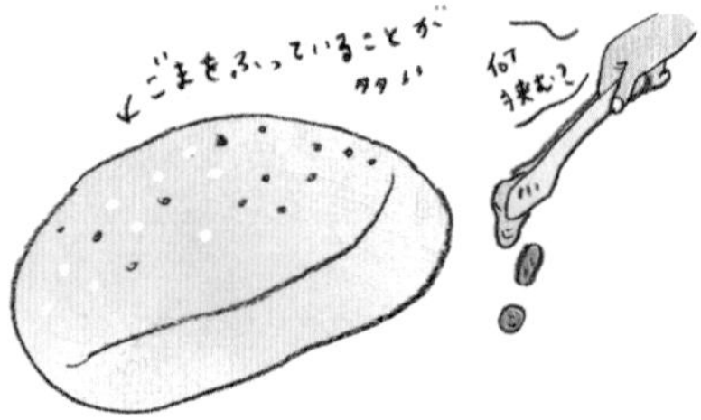

じゃがいも【馬鈴薯】

じゃがいもを生地に練り込んだパンはどこのパン屋さんで食べてもハズレなしという気がします。じゃがいもから出る水分とでんぷんが生地をしっとりさせているようで、長時間もっちり食感が持続しています。ローズマリーが一緒だとなおよいですね。

ジャム【jam/confiture】

季節の果物や野菜に砂糖を加え、くつくつ煮込んで作るパンのお供。愛パン家の渡邉政子さんはパンに合わせておいしく食べられるものすべてを総称して"ジャム"と呼んでいます。

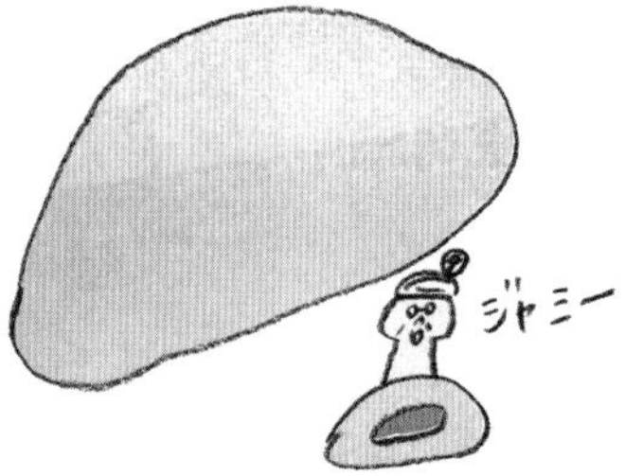

じゃむぱん【ジャムパン】

『木村屋総本店』の3代目、木村儀四郎さんが考案したパン。明治33年の発売当時は中に杏ジャムが入っているのが主流だったとか。当時は「ジャミパン」ともいっていました。

じゃりぱん【ジャリパン】

宮崎の人気ご当地パン。コッペパンに、バタークリームと砂糖を混ぜてはさんだもので、昭和元年(1926年)創業の『ミカエル堂』が発祥です。昭和30年代に発売された頃、子ども達が「ジャリパン」と呼び始めその名前が定着したといわれています。宮崎県民にとっては「メロンパンにする？　あんパンにする？　それともジャリパン？」のように菓子パンの定番になっています。

問(有)ミカエル堂
☎0985-47-1680

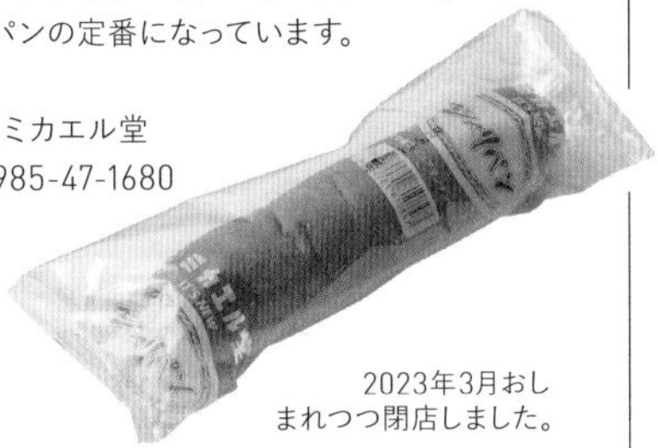

2023年3月おしまれつつ閉店しました。

シャンピニオン【champignon】

“きのこ”という意味で、生地はバゲット[→P118]と同じ配合のパン。丸いパンの上に傘部分をのせ、逆さまにして発酵させ、また元に戻して焼きます。

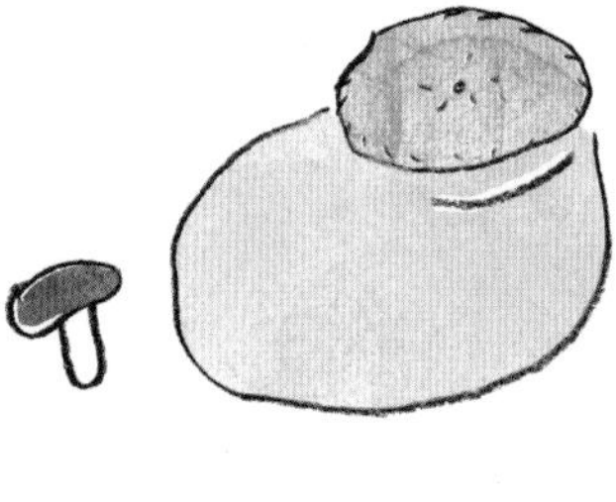

シュトーレン【Stollen】

クリスマスが来るまでのアドヴェント期間の毎週日曜日に、少しずつスライスして食べるドイツのお菓子。ドライフルーツやナッツを沢山使っているので、食べすすめるうちに味が変化するのもおもしろいです。発祥の地ドレスデンでは、巨大シュトーレンと共にパレードをするお祭りがあります。

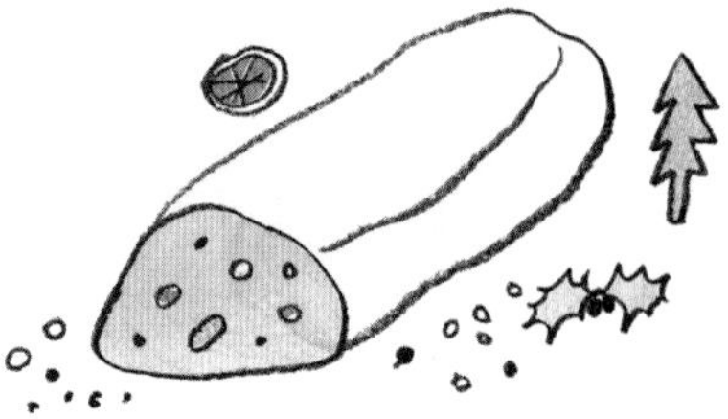

じょうけん【条件】

朝早くから起きて晩まで立ち仕事。重い粉袋を運んだり、灼熱の窯に向かったりと過酷な職業とされるパン屋さん。継続的に働ける人の条件は何ですかと、某パン店で働く女性に聞いたところ、「ドMであることですかね」と、窯作業のときにできた傷をさすりながら教えてくれました。辛い作業でも、睡眠不足でも、汗をかきながら「嗚呼（私、頑張っている）うれしい」という気持ちになるそうです。某パン店のご主人は、「トレーニングと思って製パン作業をやっています」といっていました。体を動かすことが好きだそうです。パンが好きだという気持ちは共通だと思いますが、それ以外はまだまだ計り知れません。

しょうゆ【醤油】

嘉永3年創業の『ナカマル醤油』が作りだした「パンかけ醤油」。リンゴ果汁が入っているので、パンはもちろんヨーグルトやアイスクリームにも合います。トロッと甘いデザート醤油。

問ナカマル醤油
☎0940-62-0003

ショーソン・オ・ポム

【chausson aux pomme】

ショーソンは“スリッパ”、ポムは“りんご”という意味で、フランスの代表的なヴィエノワズリーです。外はサクサク、中にはフレッシュなりんごを使ったコンポートが入っています。表面の模様は葉っぱや、チェック柄などさまざま。

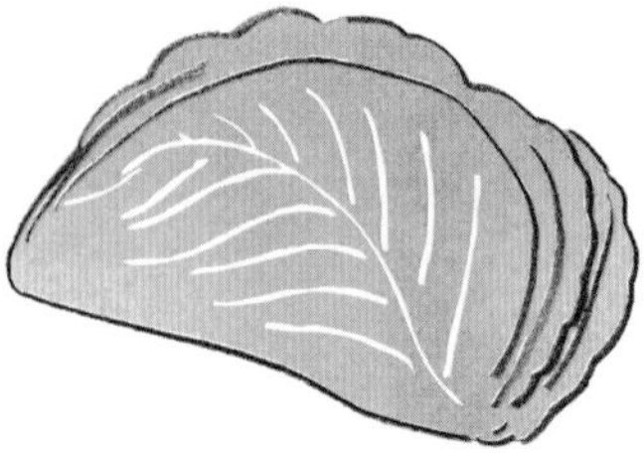

ショートブレッド

【shortbread】

shortは「さくさく」、breadは「パン」、2つが合わさるとバタークッキーを指す名詞になります。バターをたっぷり使ったほろほろ食感のスコットランドの伝統菓子です。

しょくじぱん【食事パン】

スープやおかず、ジャムやバターと一緒に食べられるパン。食パン、バゲット、ドイツパン、などのシンプルなパンのことを指します。類食卓パン　反菓子パン、惣菜パン、調理パン

しょくにん【職人】

“職人”と肩書きが付くだけでおいしいパンを焼いてくれそうな人を想像します。でもパン屋さんにお話を伺いに行った時に、自らを「職人です」と言って挨拶をする方に出会ったことはありません。「名刺はないんですよ、すみませんね」と言ってショップカードにサササと名前を書いて渡してくれます。そんな職人さんが好きです。

しょくぱん【食パン】

明治初期に発売されたイギリスの型焼き白パンを「食パン」と呼ぶようになりました。「食事用パン」という意味の造語で、一般的には型に蓋をして焼いた角食パン[→P48]のことを表します。蓋をしていないものは山型食パン[→P159]。フランスでは、パン・ド・ミ[→P124]と、砂糖や油脂類を含まないハードトーストに分けられます。

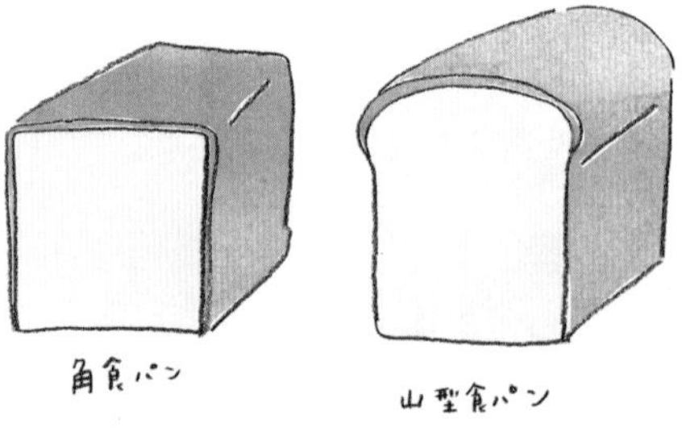

しょくぶつ【植物】

パンノキ　Bread fruits

クワ科の常緑高木で、実は焼いたり、ゆがいたり、乾燥させたりして食べられます。味がパンに似ているという説もあるようですが、実際生のままで食べるとベイクドポテトのような味がするそうです。

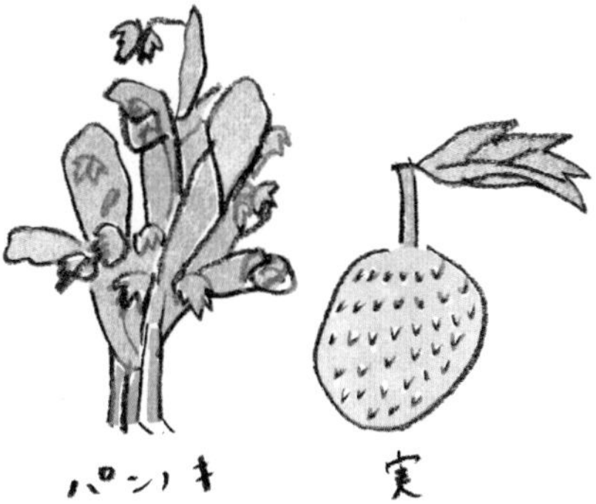

パンジー　Pansy

スミレ科の園芸植物。思索にふけるように傾くことから、フランス語で思想を意味する“パンセ(pansée)”にちなんでパンジーと名付けられたそうです。

パンヤノキ　Kapok tree

パンヤ科の落葉高木。実の中の綿毛は枕やクッションなどの詰め物に利用されています。

マロニエ　Marronnier

トチノキ科の大型落葉樹。“世界一美しい通り”とされるフランス・パリのシャンゼリゼ通りに並木として植えられています。

しろぱん【白パン】

精製された小麦を使って作られたパン。昔は黒パンと比べ贅沢品とされていました。『アルプスの少女ハイジ』に出てくるパンとしても有名です。
㊫黒パン

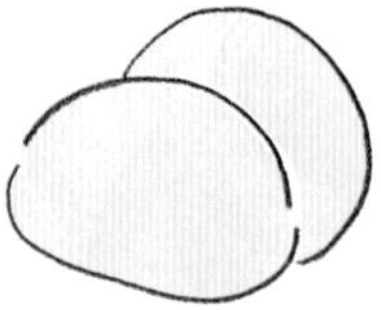

シンボル【symbol】

ヨーロッパのお祭りでは、様々な願いが込められた人や動物の形をした「象形パン」が作られます。クリスマスや復活祭の時期に多く見られます。普段の街角で見ることができるものとして、ドイツではブレッツェル[→P141]がパン屋さんのシンボルとなり軒先に掲げられています。

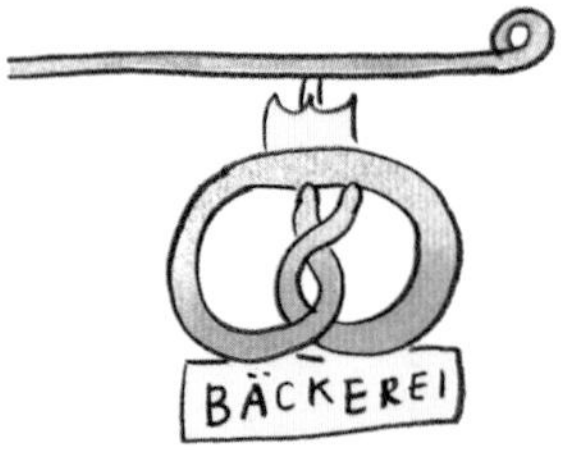

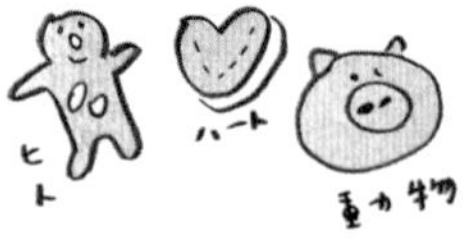

すいはんき【炊飯器】

発酵と焼成の工程を炊飯器にお任せしてパンを作ることができます。パンを焼き上げる機能がついた炊飯器もありますが、使い方を誤ると炊飯器が故障する原因になりますのでご注意を。

スープ【soup】

ヨーロッパでは、村の共同パン焼き窯で1週間分の大きなパンを焼く習慣がありました。日ごとに切り分けて、食べるうちに硬くなるパンをスープにつけて柔らかくして食べていたそうです。パンの皮や屑をクルートといい、それをブイヨンにつけたスープをクール・オ・ポ（ポは鍋の意味）といいます。

すかしかしぱん【スカシカシパン】

ウニの仲間に属する棘皮動物。大きさは10～15cm程度。硬くて薄っぺらく、真ん中に花片模様がありその周りを囲むように細長い穴があいています。タレントの中川翔子さんが、ブログで「スカシカシパン」を紹介したことがきっかけで、同名の菓子パンが発売されました（現在は発売しておりません）。私はこの動物を浜辺で偶然見つけ、裏側にピアスの金具をつけてアクセサリーにしました。

スコーン【scone】

スコットランド発祥で、今ではイギリスのティータイムには欠かせないお菓子。クロテッドクリーム[→P68]を添えていただきます。パン屋さんでもレジの横などでたまに見かけます。

スパイス【spice】

さまざまなスパイスをきかせたパンのことを「パン・デピス」といい、10世紀頃に中国で作られていた小麦粉とはちみつを使ったお菓子「ミ・コン」が起源だといわれています。

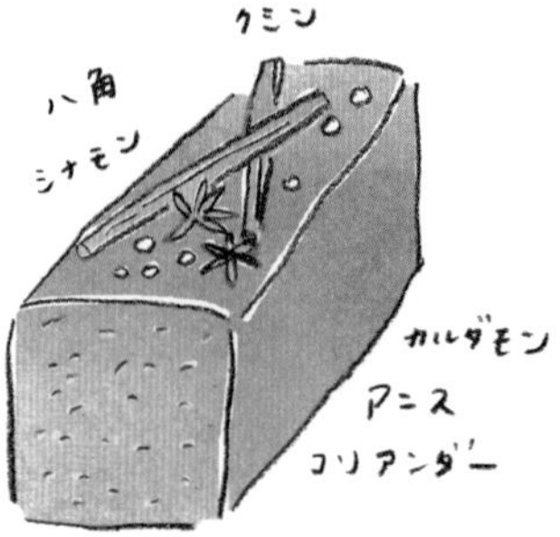

スプレッド【spread】

パンに塗って食べるものの総称。バター、マーガリン、クリームチーズ、ジャム、蜂蜜、パテなど。ヘイゼルナッツ風味の羊のチーズ、ヌテラ[→P109]、ブラックベリーの3つをバゲットと一緒にいただくというのが絶妙においしかったです。口に入れた瞬間にチーズ臭が鼻をつき、その後ヌテラの香ばしい甘さを感じ、最後にブラックベリーの甘酸っぱさでしめる。ここでのパンは引き立て役なのですが、常に舌に感じる生地の食感はみずみずしく潤っていました。

せいぱん【製パン】

パンを製造すること。

セーグル【seigre】

フランス語でライ麦のこと。[→P164]

せみはーど【セミハード】

粉、酵母、塩、水のみで作られるシンプルな生地(ハード系)に、砂糖や油脂を少量加えてやわらかく仕上げたパン。硬いパンが苦手な方でも食べやすいです。

ぜんりゅうふん【全粒粉】

小麦をまるごと挽いた茶褐色の粉で、生地に少し加えると香ばしくて噛みごたえのあるパンに仕上がります。クッキーやクラッカーなどにも使われています。グラハム粉[→P66]とは製法が少し異なります。

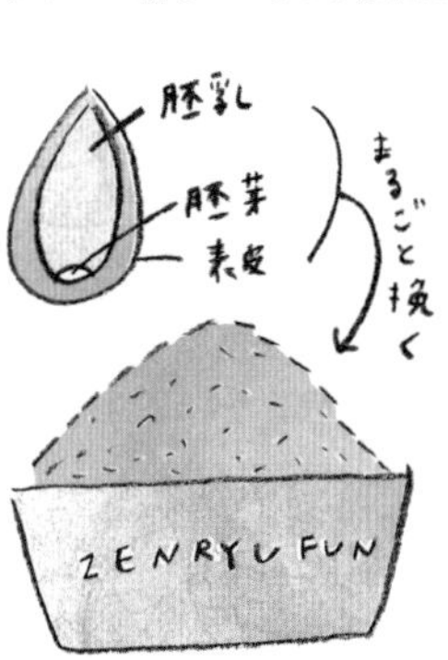

そうざいぱん【惣菜パン】

お惣菜を中に挟んだり乗せたり……バラエティに富んだパン。コロッケや焼きそば、コーン、ツナマヨネーズなどが定番。一緒にパン屋に行った男性が選んだパンがふたつとも惣菜パンだったら、「肉食系男子だな！」と思います。

そーせーじ【ソーセージ】

パンに挟んでホットドッグにしたり、パン生地を巻きつけたり、揚げパンの中に入っていたり、何かとパンと相性のよいソーセージ。過去に、ずんぐりとした黒いソーセージをフランスパン生地で包み、表面に芥子の実をちらしたパンと出合いました。「闘牛士」という名前のそのパン、その姿は牛の角のようで勇ましく、持ちあげるとずっしり重くかっこいいパンだなとほれぼれしました。パンの焼き色を見てドキドキすることはありますが、この時はまた違った感覚を味わいました。パンを見ているのにまるで生きた動物と接しているような感じでした。

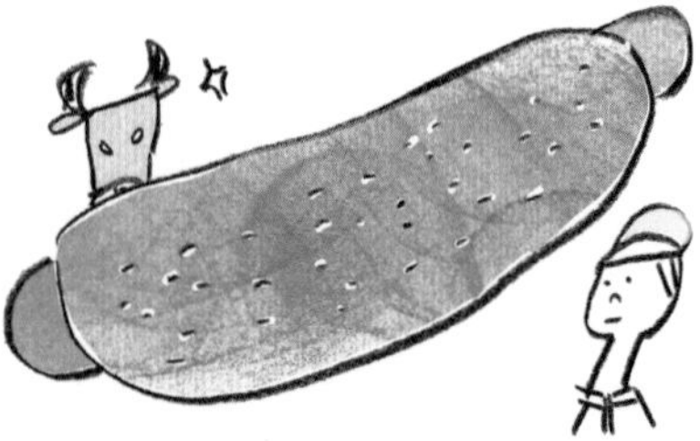

ソーダブレッド【soda bread】

イーストの代わりに重曹またはベーキングパウダー（炭酸水素ナトリウム）を使う発酵いらずのクイックブレッド。今すぐパンが食べたい！　という時に便利です。すぐにできるのに味はあなどれない強者（つわもの）パンです。

そふとけい【ソフト系】

あんパン、クリームパン、ロールパンなど食感がやわらかく食べやすいパンのこと。反ハード系
類リッチ

そぼろぱん【そぼろパン】

小麦粉、砂糖、バターを混ぜ、ぽろぽろとしたそぼろ状のクッキー生地にし、パン生地の上に乗せて焼いたもの。かりかり、むぎゅむぎゅとした食感でパンのアクセントになります。ドイツではこのそぼろを“シュトロイゼル”といい、ベリーケーキの上に乗せて焼いたりします。ドイツの定番ケーキとして人気です。英語で“クランブル”ともいいます。

パン×フランス

パリのバゲットから水

山本ゆりこ

15年くらい前まで、フランスパンと呼ばれていた日本のバゲットもおいしくなった。けど、フランスのとは違う。以前は「粉が違うからね」という言葉で解決していたが、フランス産の粉も輸入できるようになったし、バゲットに合う国産の粉も作れるようになっているから、それも模範解答ではない。そんな「モヤモヤ」を胸の奥に閉まっていたある日。食通で料理書なども著されているパリジェンヌのお宅で、薄くもなく厚くもない皮がパリッとしていて、中がいいベージュ色をしたバゲットをいただいた。噛みしめた瞬間、思わず「やっぱりフランスのバゲットはおいしい」って日本語がポロリ。勢いにまかせて彼女に、私の疑問をぶつけてみた。すると「水が違うから、パンの味が違うのは当然よ。ベルギーやスイスでもバゲットは作られているけど、味が全然違うわ」って。水かぁ、それは考えなかったなぁ。お茶ならわかるけど、無色透明の水がバゲットの味を変えるなんて。

フランスの水は硬水（ミネラル分を多く含む水）で、日本は軟水。確かに大きく違う。フランスで緑茶がおいしく淹れられないのもこれが原因だし、逆にイギリスは硬水だから、紅茶がおいしく淹れられるというのも事実。でも、同じ硬水なのに、フランスでプレーンな紅茶を入れると、水色が、美しいブラウンではなくグレーがかって抽出され、味や香りも劣る。バゲットの場合、どの成分がどう影響しているのだろうか。彼女の言葉はすごく説得力があって、真実には違いない。でも、深まるナゾをパン職人ではない彼女に尋ねるのは野暮だと思い、それ以上は追及しなかった。

水といえば、数年前からよく耳にするのが「パリの水道水を飲もう」っていうスローガン。市販のミネラルウォーターに負けないくらいのミネラル分（実際、フランスの某ナチュラルミネラルウォーターと同じくらいのミネラル含有量）が含まれていて、パリ市の公共機関で飲むことを推奨しているという。パンと水の関係、好奇心をそそるテーマである。

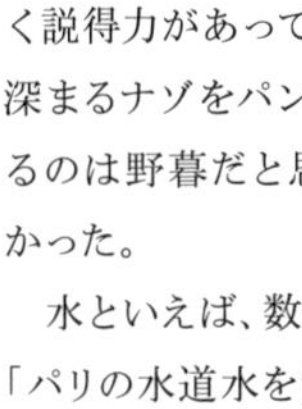

やまもと・ゆりこ
菓子・料理研究家　福岡市在住。日本女子大学で食物学を専攻後、渡仏、パリで12年間暮らす。執筆の傍らで、料理教室「山本レストラン」等を主催。著書は30冊を超える。
@yamamotohotel

ザク

ザク

じろじろ

モデル　前川ゆうな

た

タイガーブレッド
【tiger bread】

表面のトラの模様が特徴でタイハーブロート、ダッチブレッドともいいます。焼く前に上新粉を水で混ぜたトッピングを塗ると、このような模様になり、混ぜる分量によってひび割れが大きくなったり小さくなったりします。

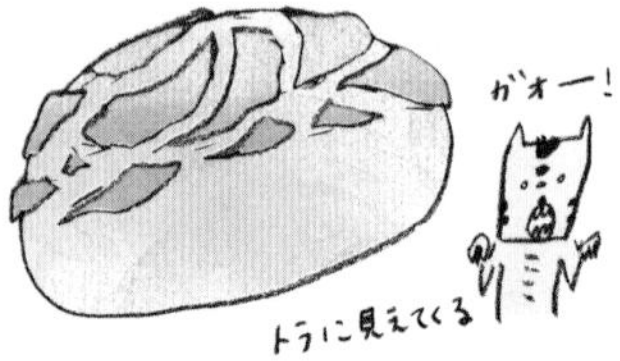

たかせ【タカセ】

大正9年創業、池袋の老舗パン・洋菓子店。夜の池袋にピカピカ光るネオンが印象的です。池袋本店は年中無休、22時までパンが買えるというすばらしい営業体制。パンを買って9階のコーヒーラウンジでひとやすみするのもまたよいかもしれません。

ⓘタカセ ｜ 東京都豊島区東池袋1-1-4
☎03-3971-0211（代表）
東池袋店、南池袋店、板橋店（板橋工場）もあります。

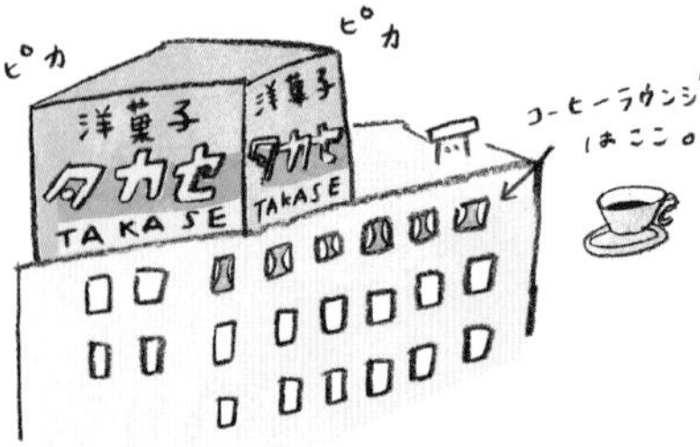

たけぱん【竹パン】

竹にパン生地を巻きつけ、炭火で焼いたパン。キャンプ場などの屋外でレクリエーションの一環として親子で一緒に作ることが多いです。竹筒を縦半分に割って器状にし、間にパンを詰めて蓋をして焼く方法もあります。

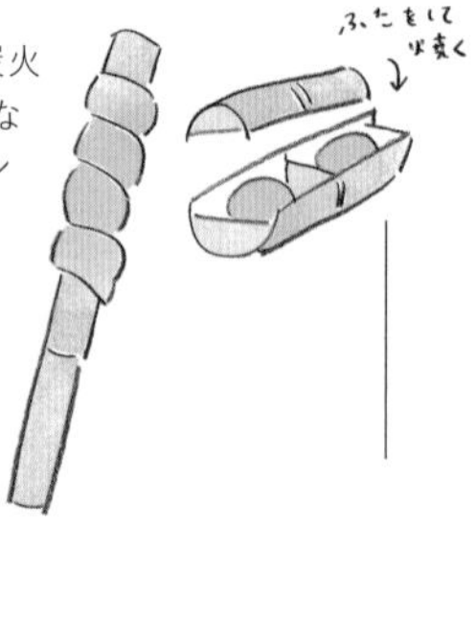

たこやきぱん【たこ焼きパン】

パン生地の中にたこ焼きをまるごと包んで焼き、ソースと鰹節、青のりをのせたパン。「粉もん」をさらに粉で包んだ斬新なパン。たこ焼きと一緒で、焼きたてが一番おいしいです。

たっぱーうぇあ【タッパーウェア】

パンの形を崩したくない時に重宝する入れ物。やわらかいクリームパンやフルーツがのったデニッシュなどを買って鞄に入れておくと、ぺちゃんこになってしまいがっかり……ということがよくあります。毎回タッパーを持っていくのは大変ですが、どうしても崩したくないパンがある場合は、鞄にそっと忍ばせて出かけます。

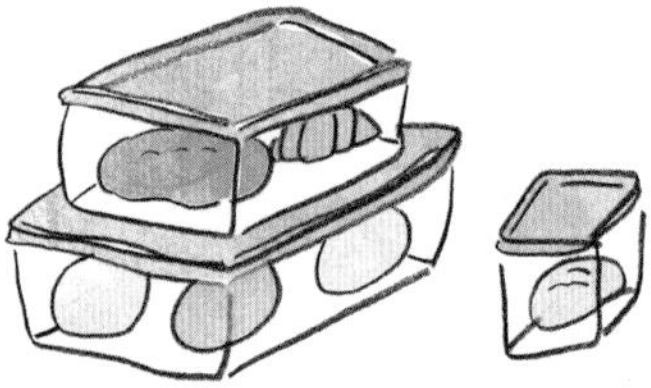

タバチェール【tabatiére】

“タバコ入れ”という意味で、生地はバゲット[→P118]と同じ配合のパン。タバティェールともいいます。丸めた生地の⅓をめん棒で伸ばし、残りの部分にかぶせ、逆さにして発酵後、焼きます。伸ばした部分は予想通りカリカリ!

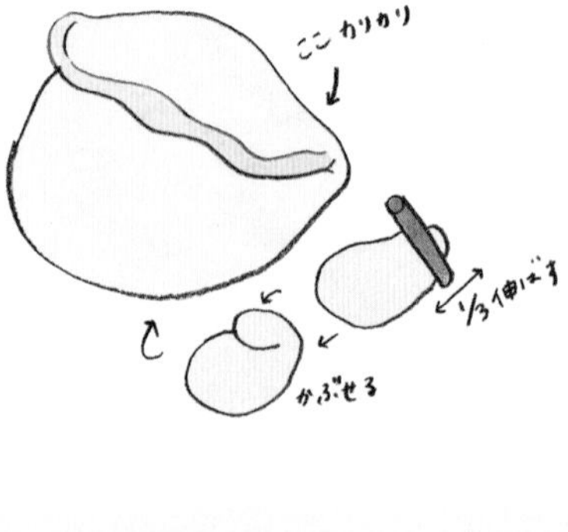

たび【旅】

旅を計画して行く場所が決まったら、まずその周辺にパン屋さんがないかチェックします。パン屋さんを目的に行く旅のほうが大半ですが。商店街の中にあるベーカリー、岬にある孤高のブーランジェリー、住宅街にあるパン店、どの場所へ訪れてもその町の空気感を感じられるパン屋さんがあります。地元のスーパーやコンビニに行くのもお忘れなく。普段見かけることのないご当地パンに出合えるかもしれません。

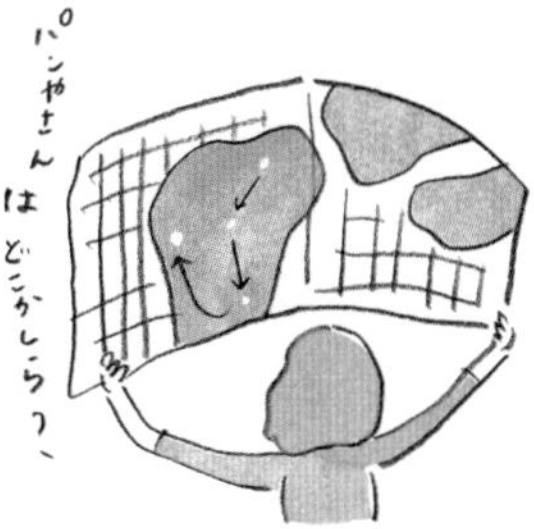

たまごぱん【たまごパン】

大正時代に大流行したお菓子。小麦粉と卵、砂糖だけのシンプルな素材で作られたなつかしい味です。

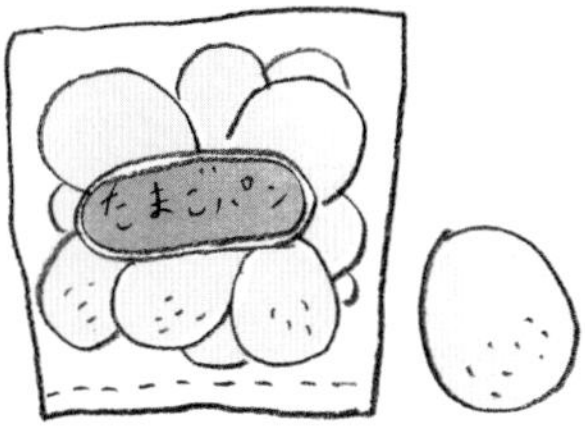

たみさんのぱんやきき
【タミさんのパン焼き器】

宮城県に住む近江タミ子さんが考案した南部鉄のパン焼き器。鍋と蓋で構成されており、表面積を増やして熱伝導率をよくするために鍋には真ん中に穴が空いています。鍋の内側に油を塗り、丸めた生地をいくつか詰めて蓋をして、15分前後でパンを焼くことができます。販売元の及源鋳造(株)のHPを見ると「徒然のタミさん」というタミさんの日々を綴ったほほえましいブログもあります。

問及源鋳造(株)｜☎0197-24-2411

たまねぎ【玉葱】

「お前とならばパンとたまねぎ」というスペインのプロポーズの言葉があります。あなたと一緒にいられるならパンとたまねぎだけの貧乏暮らしでもかまわない、という意味で、いつか誰かに言ってもらおうとこれまで随分言いふらしてきましたが、残念ながらまだ一度も言われたことがありません。

だんりょく【弾力】

パンに弾力がある場合の表現として「もちもち」というフレーズをよく使います。以前まではパンに対して「ふわふわ」と言うことはあれど「もちもち」はあまり使わなかったなと思いました。過剰にもちもちし過ぎていると、餅を食べているのかと勘違いしそうになります。

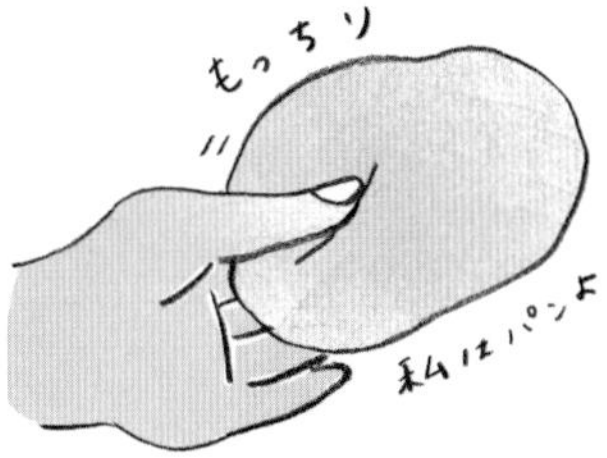

チーズ【cheese/fromage】

チーズとパンは共に(時期は違いますが)メソポタミア生まれの発酵食品。日本には6世紀頃、仏教とともに中国からチーズが伝わりました。それは「酥(そ)」といわれる日本最古のチーズで、不老長寿・強精に効く貴重な食品として貴族に独占されていたそうです。

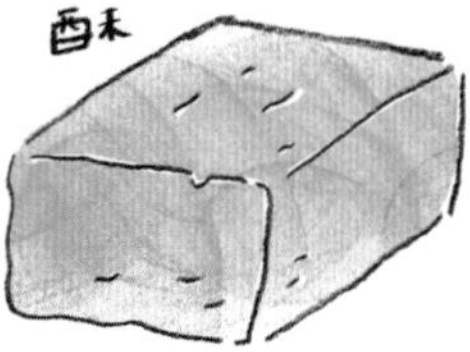

ちくわぱん【ちくわパン】

北海道のパン屋『どんぐり』が1983年の創業当時から作っている大人気のご当地パン。札幌市民にとってなくてはならない存在。ほどよい歯ごたえのちくわと、やわらかいパン生地が絶妙のコンビネーションを生みだしています。ちくわの中に密かにツナマヨネーズサラダが詰まっているのでさらに食をそそります。

問(株)どんぐり | ☎011-865-0006

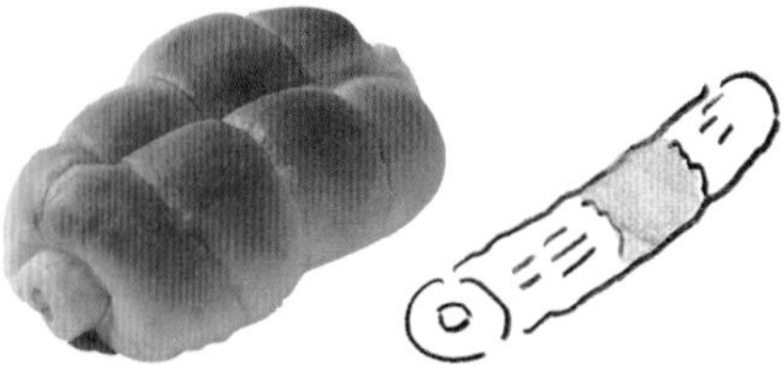

チャバタ【ciabatta】

北イタリアでポピュラーなパン。スリッパに似ていることからこの名前になったそうで、ボコボコとした大きな気泡としっとりとした生地が特徴です。小さくて丸いものは、チャバッティーナと呼びます。

チャパティ【chapati】

日本でいう白ごはんのように、インド北部やパキスタンの各家庭で作られている無発酵パン。アタという小麦全粒粉を伸ばして焼き、カレーなどにつけて熱々をいただきます。

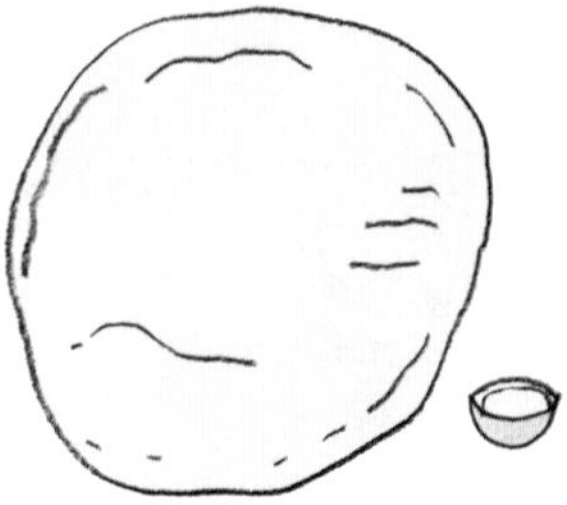

チュロス【churros】

星形の口金で絞り出して揚げ、蜂蜜やシナモンをまぶしたスペイン発祥のお菓子。棒状のものと、端をつないで輪にしたものがあります。スペインでは朝食として親しまれておりホットチョコレートに浸していただきます。

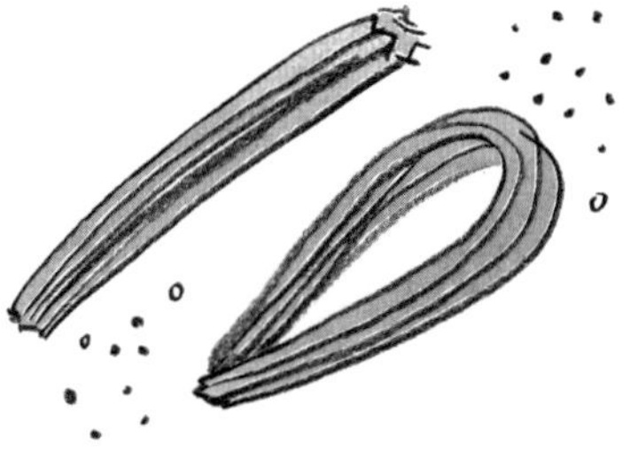

ちょうりぱん【調理パン】

通常のパン作りの工程とは別に調理したものを加えたパン。惣菜パン[→P92]と菓子パン[→P49]に大きく分けられます。

チョコレート【chocolate】

生地に練り込んだり挟んだり、パン作りに欠かせない材料。ナッツ類と相性がよく、菓子パン生地だけでなくハード系の生地にもよく使われます。好きな組み合わせは、ホワイトチョコとマカダミアナッツ。おいしいものってなぜか高カロリー。

つあー【ツアー】

パン屋さん巡りだけを目的にプランを立てて旅に出ます。行きたいパン屋さんだけをマイペースに1人で巡るのもよいですが、何人かで行くのもおすすめです。利点は数種類のパンをシェアできることと、感想を言い合えること。たくさんのパンを食べた分、感じたことを言葉にして発散する時が醍醐味です。

ついすとどーなっつ
【ツイストドーナッツ】

棒状の菓子パン生地をねじって成形したパン。揚げて砂糖をまぶしてできあがり。真ん中に切れ目を入れ、生クリームやカスタードクリームを詰めたものもあります。

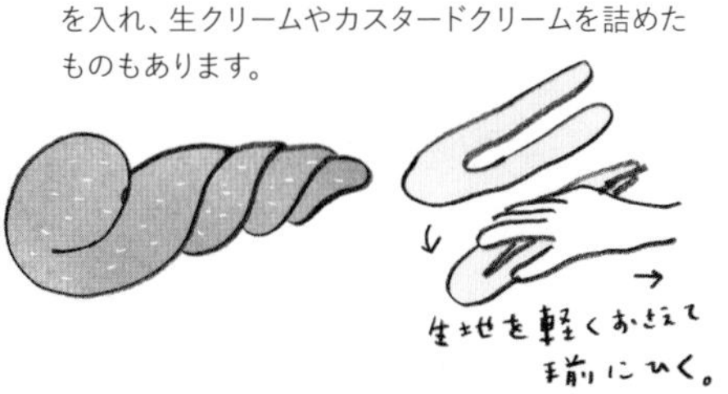

つうぱん【通パン】

地方のパンをお取り寄せすること。「通信販売したパン」の略語。

ツォップ【zopf】

ドイツ語で“三つ編み”という意味のパン。柔らかいものから硬いもの、甘い、甘くないものなど味のバリエーションが豊富です。

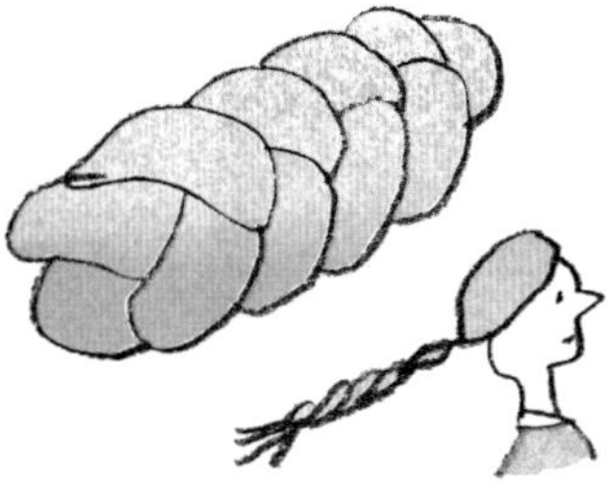

つけやきぱん【付け焼きパン】

明治の中頃、米騒動の時に大流行した廉価なパン。下等な小麦粉で作ったパンを薄く斜めに切り、片面に砂糖蜜を塗り焼いて串にさしたもの。一切れ5厘。

つなぱん【ツナパン】

パン生地にツナとマヨネーズ、たまねぎのみじん切りを和えて乗せた惣菜パン。ツナ&マヨネーズは定番のトッピングで子ども達にも大人気。

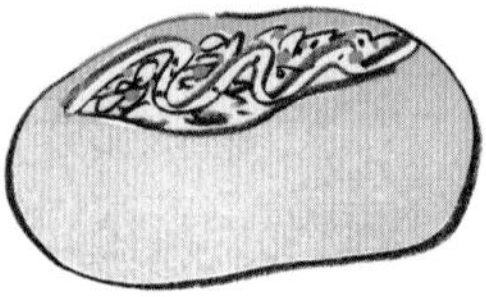

つのぱん【つのパン】

クレセントロールともいわれる三日月のような形をした食事パン。形は少し違いますがザルツシュタンゲン[→P81]と作り方は一緒です。

つるやぱん【つるやパン】

コッペパンの中にたくさんの漬け物が入った「サラダパン」で有名な滋賀県の老舗パン屋さん。サラダパンの他におすすめなのが「サンドウィッチ」。丸くて白い食パンの中には、シンプルにマヨネーズと魚肉ハム。チョコ生地には、なんとハムカツが挟まっています。これが意外とおいしくて。パッケージは昔ながらですが、新しい味の可能性をじわじわと感じます。

ⓘ(有)つるや｜滋賀県長浜市木之本町木之本1105 ☎0749-82-3162

サラダパン

マヨネーズで和えたたくさんの漬け物を挟んだ大人気のコッペパン。今や滋賀県の有名なご当地パン

て【手】

手を使う仕事であるパン屋さん。見た目は小柄な女性でも手を見せていただくとビックリ、思っていたよりも大きくて厚い。仕事中、手にどれだけの力を入れているのかを物語っています。そして男性の腕に注目すると、つるつるで無毛の方が多い。これは、生地に異物が入るのを防ぐためだそうです。

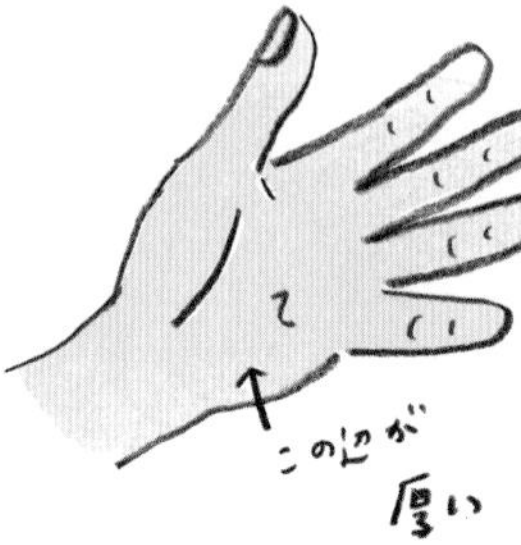

ハムカツチョコ

ほんのり甘くてやわらかいチョコレート味の食パンに、カリッと食感のハムカツ。独特な組み合わせ

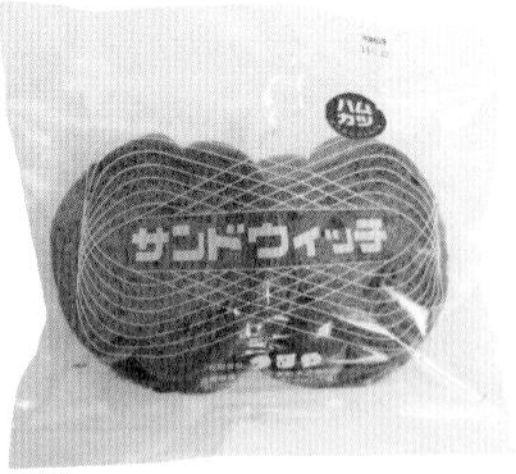

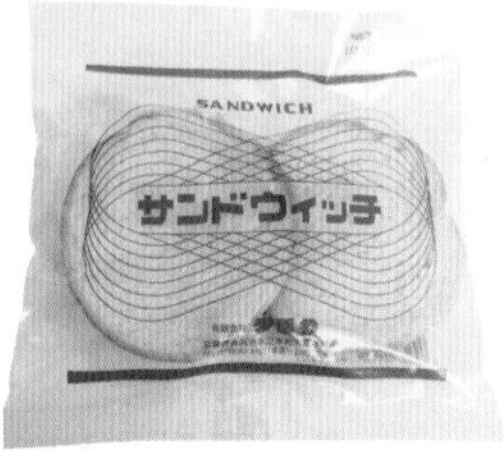

サンドウィッチ

人気ナンバーワン。マヨネーズと魚肉ハムを挟んだシンプルなパン

デニッシュペストリー

【danish pastry】

“デンマーク風の焼き菓子”という意味ですが、現地デンマークではウィーンから製法が伝わったことから「ウィーンのパン」と呼ばれています。パン生地に油脂を折り込む製法は17世紀のウィーンが発祥ですが、なぜかデンマークで広まっています。そのきっかけは、デンマークのパン職人が起こしたストライキの時、代わりに雇われたウィーンのパン職人がこの製法を伝え、「デニッシュペストリー」へと進化をとげたそうです。ちなみに日本ではアンデルセン［→P30］が最初に販売を始めました。

デザート【dessert】

厚く切った食パンに格子形の切れ目を入れ、バターと蜂蜜、バニラアイスクリームをのせた「ハニートースト」。1人では到底食べきれないボリューム。学生時代、みんなで一緒に食べた思い出があります。バターと蜂蜜がジュッと染みたパン、冷たいアイス、食べ盛りの学生にとっては甘さへの欲望を充分に満たしてくれる食べ物でした。パクパクと食べ終えて、最後に残ったのは耳部分。誰が食べてくれたのかは思いだせません。

テッシーナブロート

【tessinerbrot】

テッシン地方発祥でスイスではポピュラーなパン。フランスパン生地の小さなパンを5〜6個つなぎ合わせて作り、主に朝食用のパンとして食べられています。サクッとした食感。

てみやげ【手土産】

パン嫌いの方はあまりいない（と思う）ので、ちょっとした手土産を持っていく時にもパンは重宝します。当日食べきれない量を持っていく場合は、冷凍できるようなリーンなパンをいくつか混ぜて選ぶとよいと思います。その際、冷凍の仕方を教えてあげるのを忘れずに。ほとんどのパン屋さんはギフト用袋を準備していないので、ビニール袋のまま持っていけるようなラフな間柄の方に持っていくのがよいでしょう。

てんき【天気】

パン作りは天候によって左右されます。暑い日は酵母が元気に活動するのでパン生地が発酵しすぎたり、逆に寒い日はなかなか発酵しなかったりと、毎日大変です。また、雨が降るとお客さんが減るので仕込む量を変えたりもします。仕込み用の粉を計るのは前日なので、早めの決断力と長年の勘が必要になってきます。

でんきぱん【電気パン】

戦後の昭和20年代、食糧難の時代に『電気パン焼器』で作られたパン。小麦粉と重曹（ベーキングパウダー）、砂糖を練って木箱に入れコンセントを差し込んで待っていると蒸しパン（に似たもの）ができあがるという至ってシンプルな作りの機械です。味はなかなかよいようですよ。

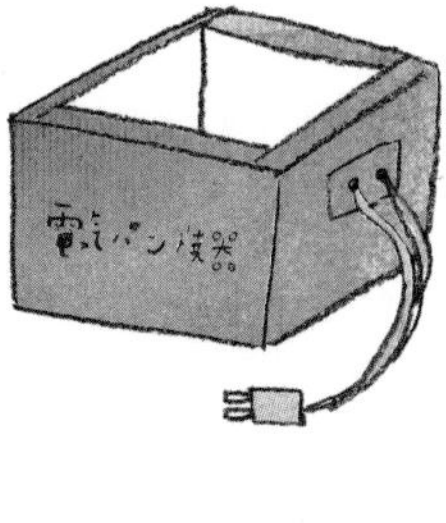

てんねんこうぼ【天然酵母】

穀物や果実、植物に付着している野生の酵母を培養させて作る発酵種。パン作りにかかせない材料のひとつです。イースト[→P34]に比べると、健康的で身体によいと思われがちですが、イーストも元は自然界にある酵母菌から作られたものなので、原理は一緒です。(類)自家製酵母、野生酵母、複合酵母

てんぱん【天板】

これに成形後の生地をのせて最終発酵後、オーブンに入れて焼きます。

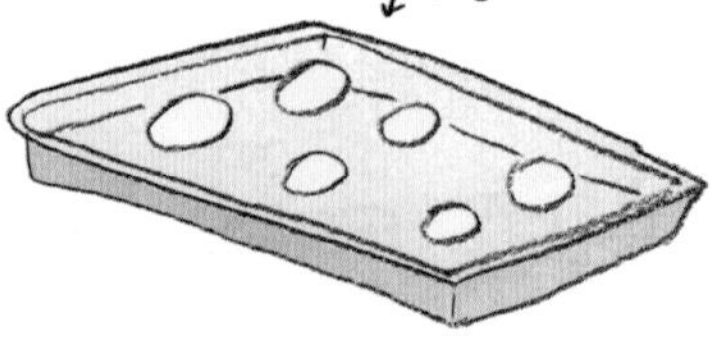

『天然酵母の種類』

果実種

ぶどうやりんごからおこした種。ほのかな酸味とコクのあるパンができます。

サワー種

ライ麦粉からおこした種。パンは独特の酸味と保存性に優れています。

酒種

麹からおこした種。あんパンなどの菓子パンによく使われています。

ホップス種

ホップにじゃがいもなどを加えた種。比較的リーンなパンに使われます。

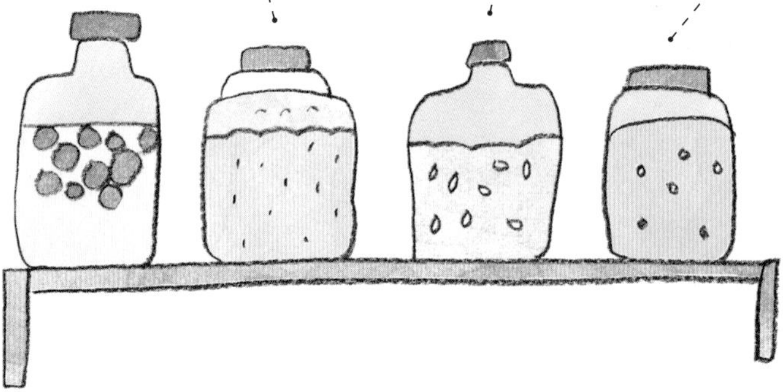

ドロジー種

ロシアの落葉松に付着した酵母。

饅頭種

中国の饅頭作りで使われる酵母。

協力　大陽製粉（株）[→P74【小麦粉】]

どいつぱん【ドイツパン】

パンの種類が多い国として知られているドイツ。長くて難しい名前が多いので代表的なパンを大別して紹介します。

『粉の配合量』

パンを仕込む際の小麦粉とライ麦粉の配合率によって名前が変わります。

よく使われる言葉

これを覚えておくと、パンの名前をみただけで粉がどんな割合で配合されているのかわかります。

ヴァイツェン [Weizen] …小麦
ロッゲン [Roggen] …ライ麦
ミッシュ [Misch] …「混ぜる」という意味

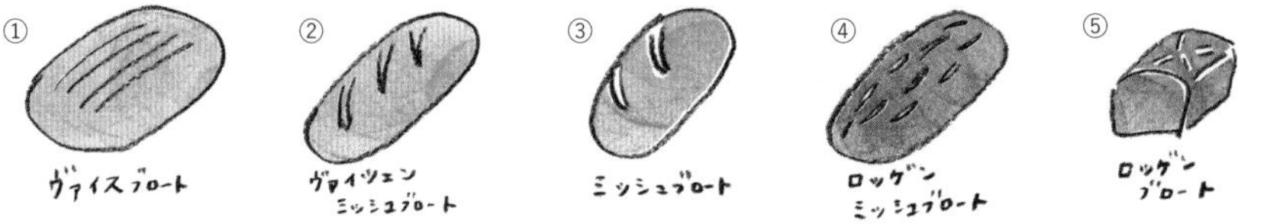

① 小麦100%

② 小麦60〜90%
ライ麦10〜40%

③ 小麦50%
ライ麦50%

④ 小麦10〜40%
ライ麦60〜90%

⑤ 小麦0〜10%
ライ麦90〜100%

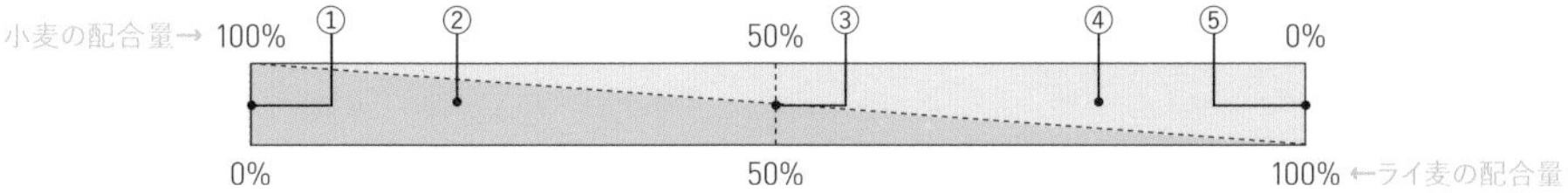

『粉の挽き方と大きさ』

小麦とライ麦を粉にする時の挽き方、パンのサイズによって名前が変わります。

シュロートブロート：粗挽き粉を使用したもの

フォルコンブロート：全粒粉を使用したもの

ブロートヒェン：小型のパンのこと

とうき【陶器】

高知のにしおゆきさん（おるがん社）がつくりだす陶人形のひとつに『パンと少年』があります。玄関に飾っていると、いつもパンをかじりながらジロッと見てくる。可愛すぎなくてほっとする愛らしい人形です。

ⓘおるがん社 ｜ http://www.organsha.com

トースター【toaster】

食パンを焼いてトーストにするための機械。発明したのはトーマス・エジソンさん。昔ながらのポップアップトースターと、近年主流のオーブントースターがあります。縦にパンを差し込むポップアップ型は、電熱に近いため短い時間でパンを焼くことができます。網の上にパンを置いて焼くオーブン型は、電熱が離れているのでおいしくトーストするために事前に温めておくことが必要です。トースターによって火力が異なるので、それぞれのクセを見極めましょう。オーブンレンジのトースト機能はパンがパサパサになるのでおすすめできません。

トースト【toast】

食パンを焼いたもの。

トーストガール【Toast girl】

1998年オーストラリアで誕生した、頭にトースターをのせてパンを焼くアーティスト。トーストガールのほか、両手がフランスパンの女性「バゲットバルドー」など、パフォーマンスごとに名義を変えて国内外で活躍中です。

———

ⓘトーストガール | http://www.toastgirl.com

ドーナツ【doughnuts】

元はオランダの揚げ菓子「オリーボル」で、当時は小麦粉を丸めて揚げたものにナッツが載っていたそうです。“生地(ドゥ)”の上に“ナッツ”ということから、ドーナツの由来はここからきています。丸い穴があいた由来は諸説ありますが、火通りをよくするためというのが一般的なようです。「楽天家はドーナツの輪を見るが、悲観論者は穴を見る」という諺も。

とまと【トマト】

サンドウィッチに挟んだり、トーストにのせて焼いたり、生地に練り込んだり、パンと相性のよい野菜。水の代わりにトマトを練り込んだ丸パンは「ポモドーロ」（イタリア語でトマトの意味）といわれ、バジルも一緒に混ぜ込み爽やかに仕上げます。バゲットににんにくと熟したトマトをこすりつけオリーブオイルをふりかけた「パン・コン・トマテ」というスペイン料理もあります。

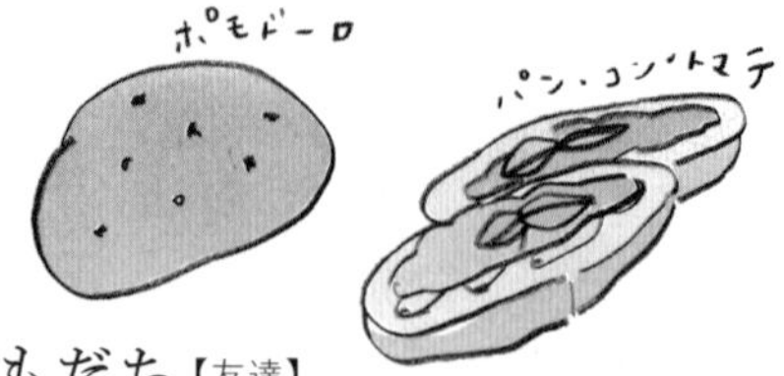

ともだち【友達】

「パンが好きです」と自分がパン好きであることを公言しておきます。すると、周りの人は知らぬ間に私がパン好きということがインプットされ、パンの情報を見つけると教えてくれるようになります。そして、パン好きな人を紹介してくれたりも。好きなものについて口に出して第三者に伝えておくのは大事なことだなと思います。ちなみに朋友（パンヤオ）は“友達”を意味する広東語。

ドライフルーツ【dried fruit】

果実を天日などで乾燥させたものの総称で、パンにトッピングしたり練り込んだりして使われます。ぶどう、いちじく、クランベリーなど。

トルティーヤ【tortilla】

とうもろこし粉の生地をうすく伸ばして焼いたもので、お好みの具材を挟み「タコス」を作っていただきます。

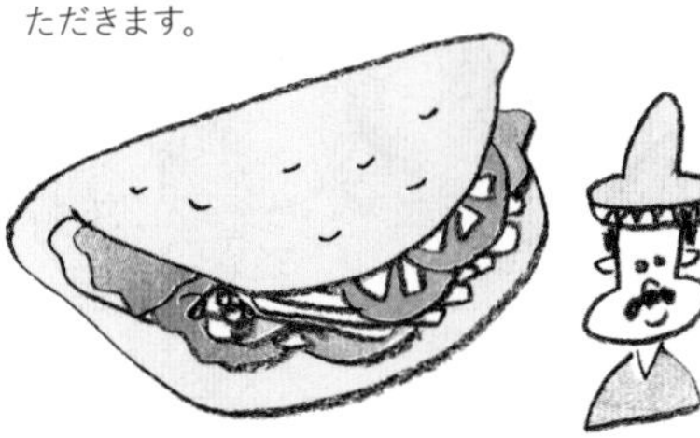

ドレ【dorer】

パンを焼く前に表面に溶き卵を塗ること。菓子パンに塗ると艶が出てさらにおいしそうにみえます。

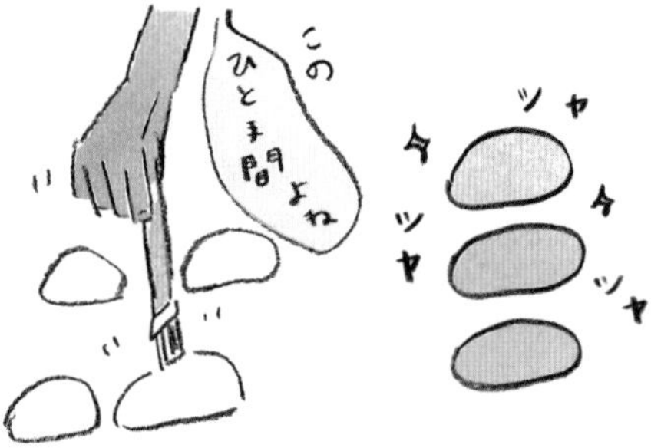

トレンチャー【trencher】

器として使うパンのこと。中世ヨーロッパでは、硬くなったパンの欠片を料理を食べる時のお皿として一般的に使っていました。

トング【trencher】

パンを挟むための道具。パン屋さんによって微妙に形が異なり、そのお店ならではのこだわりが感じられる部分。対面式の場合は店員さんがパンをとってくれるので頻繁に見かけません。

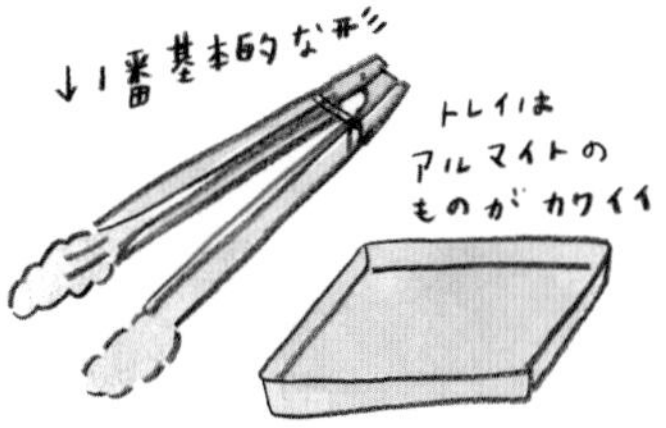

ドンク【DONQ】

1905年創業、日本を代表するベーカリーのひとつ。日本に初めて本格的なフランスパン（バゲット）を紹介したお店としても有名。当時紹介されたバゲットの姿は、日本各地のパン職人さんにとって驚くべきものだったようで開いた口がふさがらないほどの衝撃を受けたそうです。個人店のおいしいパン屋さんはドンク出身者の方が多い気がします。

ⓘドンク三宮本店
兵庫県神戸市中央区
三宮2-10-19
☎078-391-5481

ちょこん

な

ナイフ【knife】

パン切り包丁のこと。パンの種類に合わせて切りやすくパンを傷めない包丁を選びます。歯が細かいものが比較的どんなパンでも切りやすいです。パン好きの人は、マイブレッドナイフを持ち歩いているそうです。

これは石窯会研究所［→P32【石窯】］の室内にパンとともに馴染んでいました。これぞパン包丁！

ながさき【長崎】

鉄砲伝来とともにパンが日本に伝わりましたが、1639年の鎖国により日本人の前から姿を消してしまいました。唯一長崎のオランダ屋敷だけで細々と作り続けられていたそうです。「パン」という名前もはばかられ「あんなし饅頭」とよんでいました。

ナッツ【nuts】

木の実の総称。パン作りに使われる時はローストするものが多く、生地のアクセントにもなり欠かせない存在です。酸化しやすいので早めに使い切りましょう。

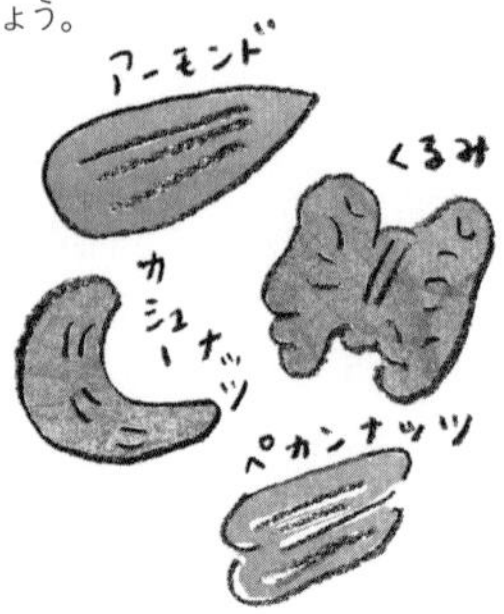

なっとう【納豆】

食パンの上に納豆とスライスチーズを乗せてトースターで焼き、刻み葱をのせて食べるのが好きです。納豆とチーズとパンの共通点は発酵食品だということ。発酵食品同士って意外と相性がよいのかもしれません。京都に住んでいたときは、納豆嫌いの人が多かったのでなんとなくこっそり食べていました。

ナン【naan】

カレーに添えられるパン。インド、パキスタンなどでは手でちぎって肉料理やスープ、さまざまな料理と一緒に食べられています。

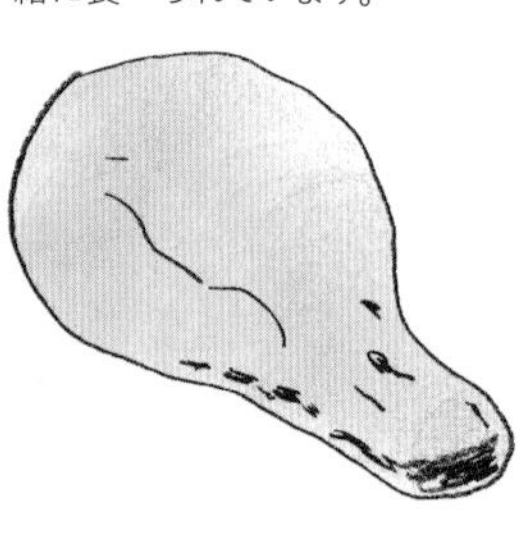

におい【匂い】

空気が澄んでいる朝、町を歩いているとパンの焼けるいい匂いがどこからか漂ってきます。匂いにつられて入ったパン屋さんでは必要以上のパンを買うこともしばしば。この魅惑の香りは、パンの焼きたて時にクラストとクラムのそれぞれから醸し出されて生まれるもの。この香りは時間が経つにつれてパン全体の匂いとなります。また、焼きたてのパンを半分に割った時にツンとくる刺激臭はアルコール発酵によって作られた匂いで、時間が経つにつれて気化してしまいます。

にほん【日本】

本格的なフランスパンから、黒いドイツパン、そしてナンまで、世界中のパンを味わうことができる我が国、日本。日本ならではの代表的なパンといえば「あんパン」[→P31]。その「あんパン」がフランスパンと融合したものが「あんバター」。バゲットにあんことバターを挟んだパンで、硬いパンを噛み締めると粉の香り、やわらかくて甘い粒あん、少ししょっぱいバターが口の中に広がります。このパンをほおばると日本人とフランス人が仲良く握手をしている姿が思い浮かびます。

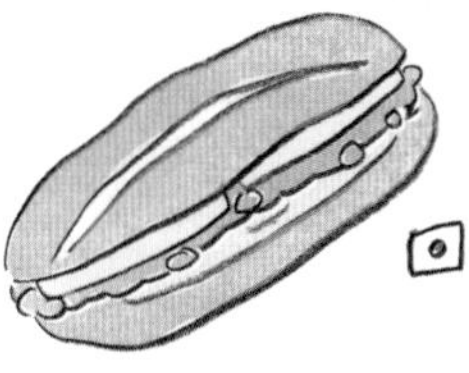

にらやま【韮山】

1842年伊豆韮山（静岡県）の代官、江川太郎左衛門英龍が兵士の携帯用食糧として日本で初めてパンを焼き、それを記念して伊豆の国市韮山では2006年から『パン祖のパン祭り』が毎年開催されています。会場付近には、重要文化財に指定されている江川さんの生家『江川邸』もあるので、お祭りと一緒に見学してみてください。

ⓘ江川邸 ｜ 静岡県伊豆の国市韮山韮山1
☎055-940-2200

にんき【人気】

大小人気のパン屋さんをのぞいてみて気がつく共通点があります。それは清潔なこと。それは飲食店全体にもいえることだと思いますが、厨房がきれいだったり、レジ周りが整理整頓されていると安心してパンを買うことができます。

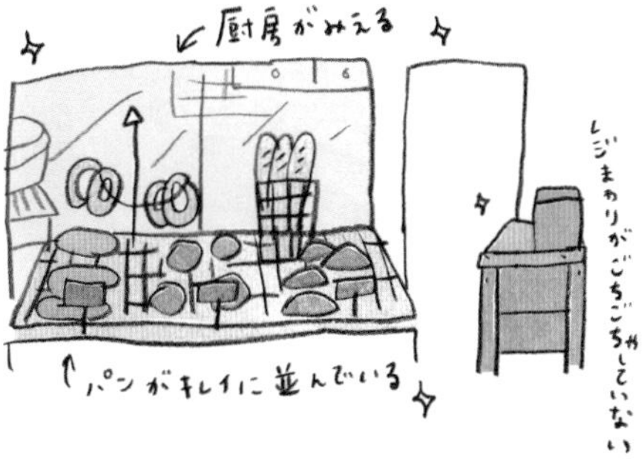

ヌテラ【Nutella】

1960年にイタリアのフェレロ社によって作られた、世界的に有名なヘーゼルナッツとチョコレートのスプレッド。ただのチョコ味ではなくナッツの風味が香りパンとも相性がよいです。

「パン祖のパン」
当時焼かれていたパンを再現しています。

問（株）伊豆倶楽部
☎055-949-8883

ぬの【布】

日常生活においても便利な布製品。パン作りの周辺で見かける布の使い方はこのようなものがあります。

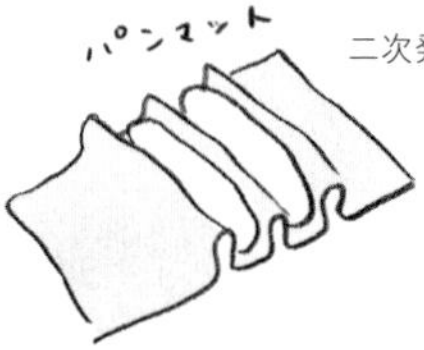

二次発酵の時に使う。

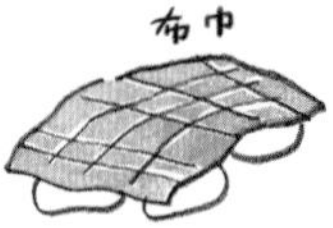

水を含ませ、かたく絞ってパンの乾燥をふせぐ。

おしゃれなお店はスカーフに。

ねんど【粘土】

粘土をこねる作業とパンをこねる作業は似ています。実際に陶芸家からパン屋さんになった方は「粘土がパンに変わっただけですよ」とおっしゃっていました。「もの作り」という枠組みの中では、陶芸とパンは近しい関係にあるのだろうと思いました。

のっぽぱん【のっぽパン】

キリンの首のように長〜い静岡のご当地パン。中に入っているのはクリームが定番で、味は70種類以上あります。正式名称は「のっぽ」ですが、「のっぽパン」と呼ばれることが多いそうです。1978年に『ヌマヅベーカリー』(現(株)バンデロール)が発売し、工場の閉鎖により一旦は販売を中止しましたが、ファンの熱い声によって再開されました。

問 (株)バンデロール | ☎055-934-2800

のみもの【飲み物】

いくらパン好きでも、パンのみで食べすすめることはありません。口の中が乾燥するので飲み物を片手にパンをいただきます。あんパンには牛乳、クリームパンにはブラックコーヒー、カスクートには紅茶、ハンバーガーにはジンジャーエール……などパンに合わせて好みのものを選んでいます。

のり【海苔】

のり佃煮はごはんにのせて食べるだけではもったいない、パンにものせてトーストとしても楽しめます。パンの端までのり佃煮を塗り、金ごまをふりかけてチーズをのせて焼きます。とろけるチーズがパンと佃煮の橋渡しをしてくれて、不思議と味がすんなりまとまります。

パン×魚

「パンコイ」って何だ!?

宮崎紀幸

ご存知の通り、パンは人間の食べ物。でも、とある一部の釣り人にとっては、釣りエサでもある。狙う魚はニッポンの淡水魚の王様として君臨するコイ。背は黒く、腹は黄金色に輝く魚体。それも基本は60cm以上の大物狙い。80cmクラスも、けっして珍しくはない。そんな大ゴイがどこにいるのか? それは近所の川。有名な大河川だけではなく、あなたの住む町を流れる小さな川にもコイは潜んでいる。

そんな身近な川に潜むコイを釣り上げるのに最適なエサが食パン。パンでコイを釣る通称「パンコイ」は基本的にハリにパンをセットしただけのシンプルな仕掛けを使う。だから、臭い粉のエサをコネコネと練る必要も、ウネウネする生きたミミズをハリに刺す必要もない。ただ家にあるパンを持って出かければいいだけ。釣り竿も専用品なんて不要。他の釣りの竿とリールを流用すればOK。なければ、まずは釣り具店で竿とリールで1,000円! みたいなセット品で十分だ。それでもパンコイの魅力は味わえる。

さて、この釣りに使うパンだが、これは絶対的に食パンだ。「どこでも200円以下で買える」「水面での浮力」「適度な軟らかさ」「白いことでの視認性」「小麦とバターのほのかな香り」。このあたりが、コイ釣りのエサとして食パンが適した点だろう。さらにメリットとして上げられるのは、人間も食べられる……ってか、そもそも人間の食べ物だけど。

まぁ、釣り好きも、そうでない方も、とりあえず食パンを手に、フラッと近所の水辺を散歩してみましょう。そして千切ったパンをエイと投げてみよう。しばらくすると、パンを見つけた大ゴイがヌラリと現れ、分厚いクチビルでジュボッツ! と吸い込む迫力のシーンが見られるかもしれない。それに興奮したら今度は釣り道具と水筒を持って再び訪れればいい。ランチはもちろん食パン。だから、お気に入りのパテやジャムを持ってね。

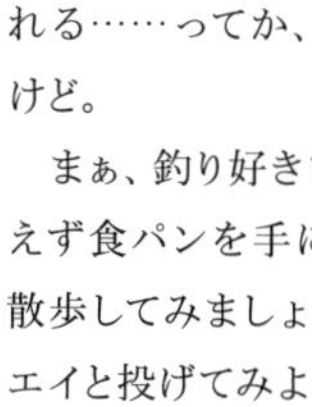

みやざき・のりゆき
フリーのライター&編集として、食パンで手軽にコイを釣るための本『パンコイくらぶ』(地球丸・刊)の製作に携わる。自身も都内有名河川のほとりに暮らし、身近で楽しめるコイ釣りやナマズ釣りなどを嗜む

にこにこ

とじ込み付録

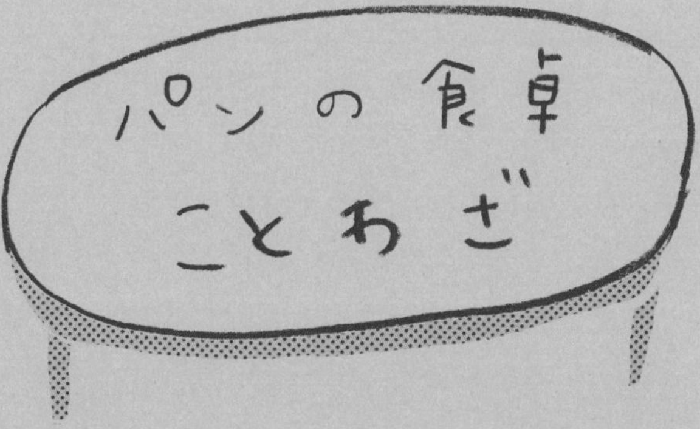

愛はバターと一緒、
パンがあってこそうまくいく（ユダヤ）

バターはパンがあるからこそおいしく感じる。愛情も甘い関係だけではうまくいかず、経済的にも満たされてこそ良好な関係を築けるということ

きょうは蜂蜜、あしたは玉ねぎ（アラブ）

蜂蜜のように甘くて幸せな日もあれば、玉ねぎのように涙がでるほどつらい日もある。楽しいことも辛いこともある、それが人生というもの

女の子は泣きながらドーナッツを食べる（ユダヤ）

女性は嘆き悲しみながらもドーナッツは食べる。結局のところ悲しみと食欲は別で、女性は現実的だということ

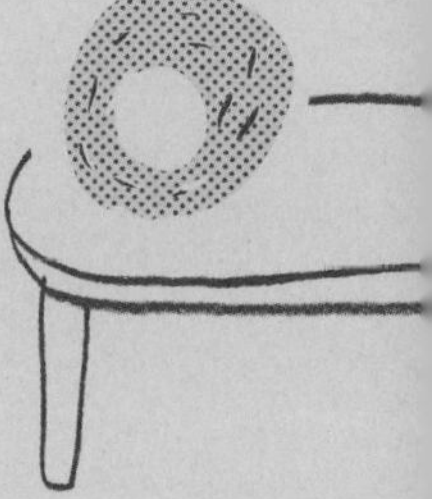

ジャムを食べて
歯を折った（イラン）

ジャムのようにやわらかいものを食べていて歯を折ることはあり得ないが、ついてない時は何をやってもうまくいかないということ

パンは好きなだけ食べなさい、
お酒は計って飲むこと（イギリス）

パンはお腹一杯食べてもよいが、お酒は飲み過ぎないようにしなさい

パンと葡萄酒で道を歩く（スペイン）

パンを食べワインを飲むことで人は自分の道を歩くことができる。腹ごしらえをしっかりしてから動き出すと道もみえてくる

こぼしたミルクを嘆いてもしょうがない（ヨーロッパ）

一度してしまったことは取り返しがつかない

粉と水の夫婦（ポルトガル）

パン作りに粉と水は欠かせない。
夫婦も一緒でお互いを必要とし支
え合うものである

可愛さでパンはできない（アイルランド）

女性が可愛いからといっておいしい料理が作れるとは限らない。美貌だけがあっても実生活では役に立たないということ

仕事は辛いが パンはおいしい（ロシア）

どんな仕事も決して楽ではないが、一生懸命働いた後のパンは特別おいしい

マターネ!!

は

はーどけい【ハード系】

卵や油脂、砂糖などの副材料を使わないシンプルな材料で作ったパン。小麦本来の風味がしますが、硬いパンが多いので歯が弱い方はご注意を。㊫ソフト系 ㊮リーン

ハーブ【herb】

香辛料の一種。草木の葉っぱや茎を利用してパンにアクセントや風味を加えます。

パイ【pie】

小麦粉生地にバターを折り込んだお菓子。ダイス状のバターを練りこんだものを練りパイといいます。デニッシュペストリー[→P101]と似ていますが、強力粉ではなく薄力粉を使うこと、発酵しない（イーストを使わない）という点でパンではなくお菓子に分類されます。中に色々な具を包めるということから、何でも集めてくる習性のあるカササギ（英語でpie）に似ているとされ、この名前がつけられました。

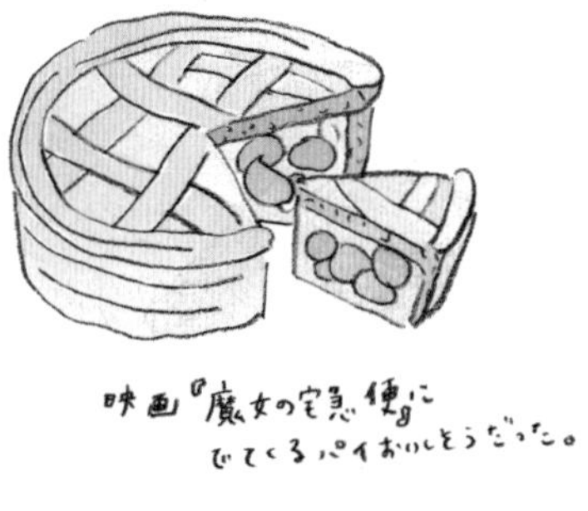

ばいてん【売店】

中学生の頃、パンを買うのが楽しみでした。下駄箱の横にある薄暗い小さな売店に行き、パンの注文用紙をもらって欲しいパンに○をつけておばちゃんに渡す。お昼になると、クラスのパン係がそのパンをまとめて取りに行くというシステムでした。ふにゃふにゃのコロッケパンと、そぼろチョコパンが定番。

ばいと【バイト】

パン屋さんでアルバイトをしていたことがあります。初めてのバイトは、デパ地下のパン屋さんでの仕込み担当。仕込みの時は、パンを作る現場にいることが嬉しすぎて、深夜に起きるのも苦にならずせっせと通っていました。朝10時頃に仕事を終えてから、体力作りのためにジムで一泳ぎ、その後別のパン屋さんで販売員をしていました。今考えると、がんばっていたなーと思います。その当時の気持ちがまったく思い出せず、自分でも何を考えていたのかよくわかりませんが、もしかして、これが青春時代というものでしょうか。

パイナップルパン

【菠蘿包(ポーローパオ)】

表面にダイヤカットが入りカリカリ、中はほわほわ。メロンパンに似た香港の有名な菓子パン。見た目が「パイナップル」に似ているという理由から、香港ではこの名前がつけられているそうです。パンが冷めてから切れ目を入れてバターを挟んで食べる菠蘿油(ポーローヤウ)もあります。

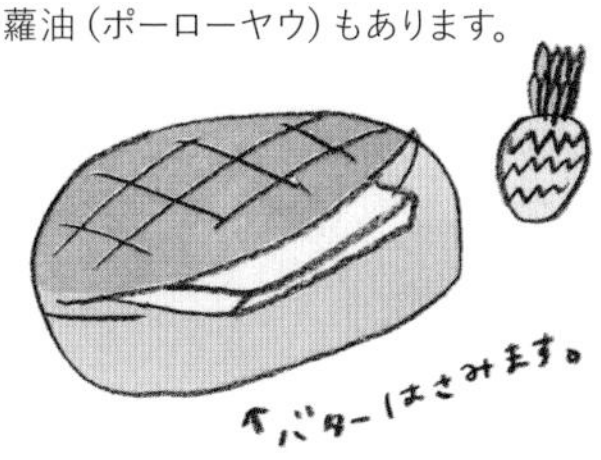

バインミー【bánh mì】

ベトナムの定番サンドウィッチ。フランスパンに、レバーペースト、ハム、甘酢野菜、パクチーなどが入っています。女性がくせになる味。この中毒性はパクチーが大きな鍵を握っていると思います。

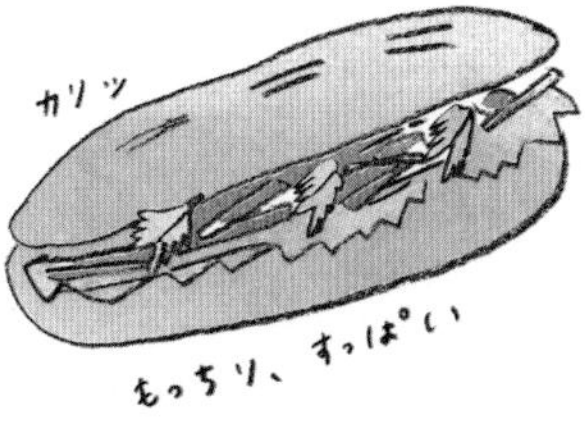

パウダー【powder】

パンへのお化粧として、仕上げに粉糖をふります。粗熱がとれて落ちついたパンの上に好きな形にくり抜いた紙を置き、茶こしに入れた粉糖をふりかけます。通常の粉糖は時間を置くと溶けてしまうので、仕上げ用の粉糖を選んで使います。少し粉糖をかけるだけで、あらビックリ！　美人パンのできあがりです。

パウンドケーキ【pound cake】

パン屋さんでもよく見かける焼き菓子。小麦粉、バター、砂糖、卵を1ポンド(約450g)ずつ使うことから“パウンド”ケーキという名前になったとされています。基本の生地に、芥子の実と角切りのクリームチーズを入れたパウンドケーキ。とあるパン屋さんが作るこの隠れメニューが好きでした。

バウムクーヘン

【Baumkuchen】

ドイツの伝統的なお菓子。バウムは“樹木”、クーヘンは“ケーキ”の意味。切断面が樹木の年輪のようになっているのが特徴です。少しずつはがして食べるか、パクッと豪快にいくか。

パオズ【包子】

中国の軽食である点心のひとつ。小麦粉と酵母、水を混ぜて蒸した中国のパン。肉まんや餡まん、小籠包など、中に具の入っているものを“包子”、具の入っていないものを“饅頭”と呼びます。

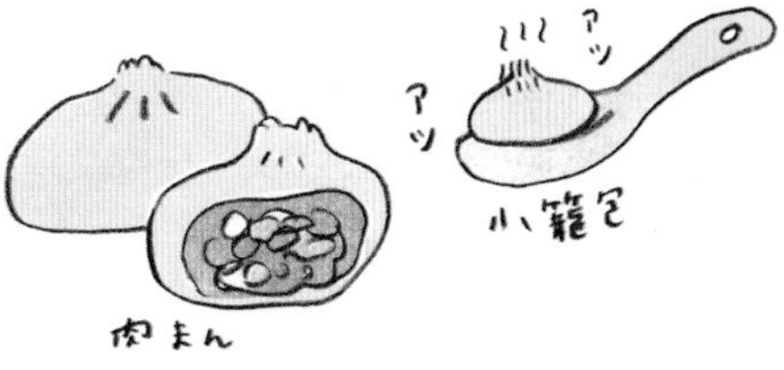

はくぶつかん【博物館】

パンのことをもっと知りたくなったら博物館へ。基礎的な情報はもちろん、ヨーロッパで実際に使われていたパン作りの道具や家具なども見学することができます。

ⓘパン博物館 | 2015年2月におしまれつつ閉館しました。

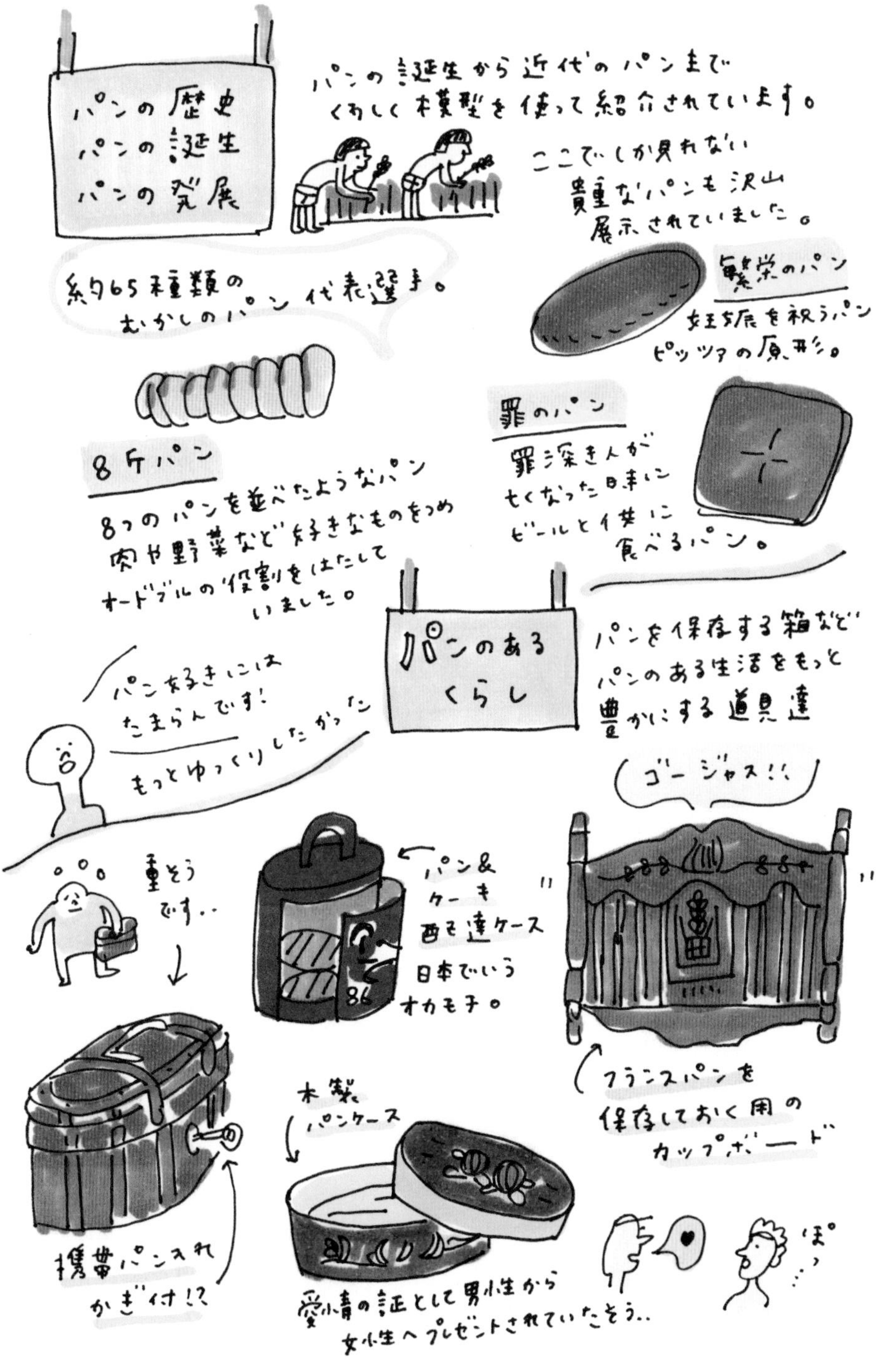
パンの歴史
パンの誕生
パンの発展
パンの誕生から近代のパンまで
くわしく模型を使って紹介されています。
ここでしか見れない
貴重なパンも沢山
展示されていました。
約65種類の
むかしのパン代表選手。
繁栄のパン
妊娠を祝うパン
ピッツァの原形。
8斤パン
8つのパンを並べたようなパン
肉や野菜など好きなものをつめ
オードブルの役割をはたして
いました。
罪のパン
罪深き人が
亡くなった日末に
ビールと供に
食べるパン。
パン好きにには
たまらんです!
もっとゆっくりしたかった
パンのある
くらし
パンを保存する箱など
パンのある生活をもっと
豊かにする道具達
ゴージャス!!
重そう
です…
パン&
ケーキ
配達ケース
日本でいう
オカモチ。
フランスパンを
保存しておく用の
カップボード
携帯パン入れ
かぎ付!?
木製
パンケース
愛情の証として男性から
女性へプレゼントされていたそう…
ぽっ…

バゲット【baguette】

フランスで最も一般的に食べられている“棒”という意味のパン。焼き上がった時に聞こえる「パチパチ」という音が“天使の拍手”といわれ、上手に焼き上がったかどうかがわかるそうです。

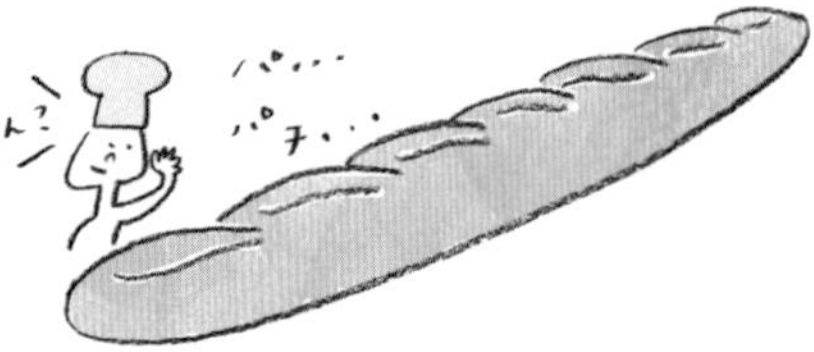

パスタ【pasta】

パスタセットを頼むと必ず付いてくるパン。大抵は、バゲットを小さく切ったものが2つ籠に盛られています。パンはそのまま食べずに、一口ずつちぎって食べるのがマナー。落ちたパン屑はそのままにしておいて大丈夫です。余ったパスタソースにパンをからめて食べてもマナー違反にはなりませんので、残さず綺麗にいただきましょう。

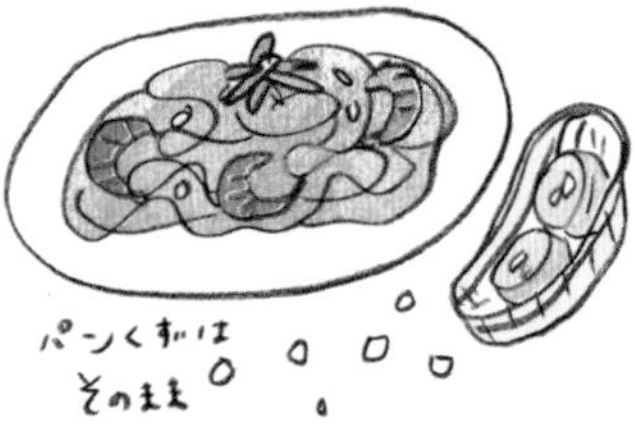

バター【butter】

パンの材料に使われたり、トーストに塗ったり……と、パンのお友達のような存在。発酵バター、無発酵バター、有塩バター、無塩バターに分かれます。日本で主流なのは無発酵バターですが、フランスでは原料乳を乳酸発酵させた発酵バターがよく食べられています。個人的には究極に疲れた時に、バターをたっぷり塗って砂糖をまぶしたトーストを食べるのが好きです。

バターケース【butter case】

バターをすっぽり収めて保管するケース。これは冷蔵庫に入れて保管するものですが、常温で保存できる「バターベル」という商品もあります。空気に触れることなく常にやわらかい状態でバターを保つことができますが、腐敗を防ぐために水を定期的に交換する必要があります。冷蔵庫がない時代に生まれた画期的なケース。

バタール【batard】

バゲットに比べると、ちょっぴりずんぐり体形。“中間”という意味のパン。クラム［→P66］が多いので、やわらかい部分をたくさん楽しみたい方におすすめ。

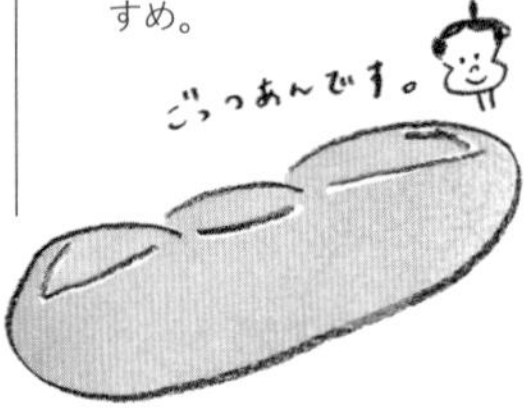

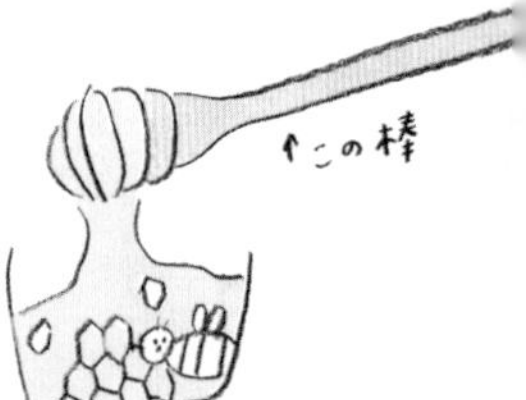

はちみつ【蜂蜜】

ミツバチがお花から作る蜜。パン作りの時に加えるとしっとりとした生地に仕上がります。よく見かけるこの棒は「ハニーディッパー」といいます。

ばっぐ・くろーじゃー
【バッグ・クロージャー】

袋に入った食パンなどを留めるプラスチック器具のこと。

はっこう【発酵】

酵母（イースト）が、パン生地の中に含まれる糖を分解しアルコールと炭酸ガスを作り出すこと。仕組みは「腐敗」と一緒で、人間に有用である場合は「発酵」と定義されています。

『発酵の仕組み』

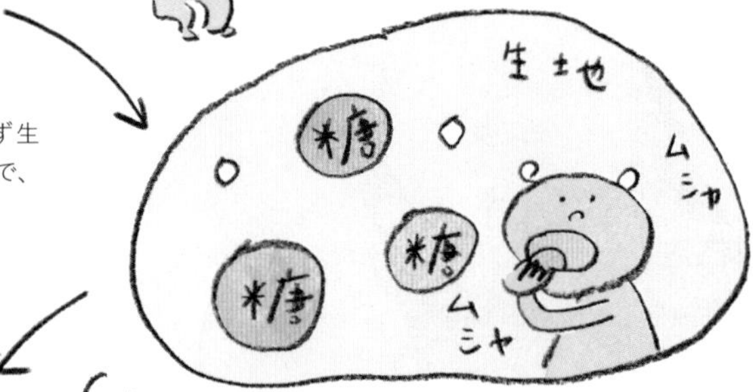

コウボウヤは、まず生地の中に飛び込んで、糖を食べます。

炭酸ガスとアルコールをせっせとつくります。炭酸ガスには生地をふくらませる効果、アルコールにはパンによい香りをつけるという作用があります。コウボウヤは、30℃前後の環境で一番元気に活動します。

10℃以下になると…
活動を停止します。

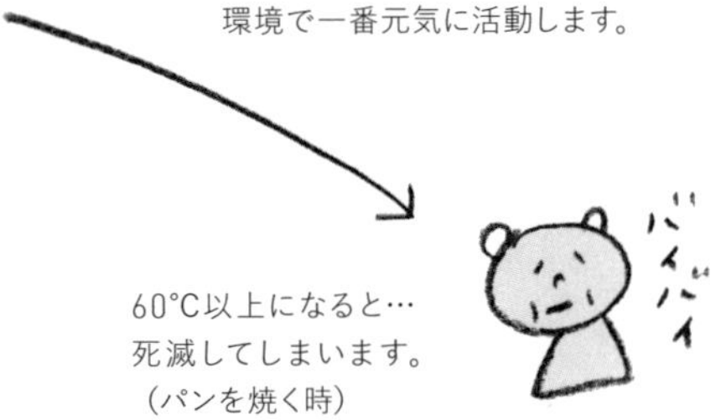

60℃以上になると…
死滅してしまいます。
（パンを焼く時）

はっこうがし【発酵菓子】

ベーキングパウダーではなく、イースト（酵母）を使って発酵させたお菓子。糖分が多いため日持ちのするお菓子で、ケーキ屋さんではなくパン屋さんで販売されています。フランスのクグロフ[→P65]、イタリアのパネトーネ[→P121]、ドイツのシュトーレン[→P87]などがあり、多くはお祝いごとの日に食べられます。

パテ【pâté】

細かく刻んだ肉や魚を固めたもの。パンにのせていただきます。

ハトシ【蝦多士】

長崎名物で、食パンにエビのすり身を挟んで揚げたもの。広東語で蝦（ハー）は“エビ”、多士（トーシー）は“トースト”を意味します。中国発祥の料理で、明治時代に長崎に伝わったといわれています。カナッペ[→P53]にも似ています。

バナナ【banana】

1991年から山崎製パン[→P159【ヤマザキ】]が発売しているベストセラー商品「まるごとバナナ」。スポンジケーキに、ホイップクリームとバナナを丸ごと1本くるんだシンプルなケーキです。母親は、このケーキが好きなようで、スーパーへ行くと知らぬ間に買物カゴに入っています。私はバナナが苦手なので食べたことがないのですが、母を虜にしているその味が気になってしかたがありません。

㊐山崎製パン(株) お客様相談室
0120-811-114

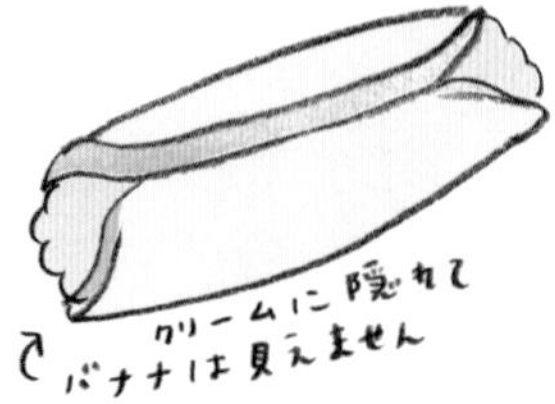

パニーニ【panini】

イタリアでは、パンに具材を挟んだサンドウィッチ全般を「パニーニ」と呼びます。パニーノが単数系で、パニーニは複数形。日本では、具を挟んだパンに斜め縞の焼き目をつけたホットサンドウィッチを指すことが多いです。中には、ハムやチーズ、レタスなどお好みのものを挟んでいただきます。バジルを挟むだけで気分はイタリアン。

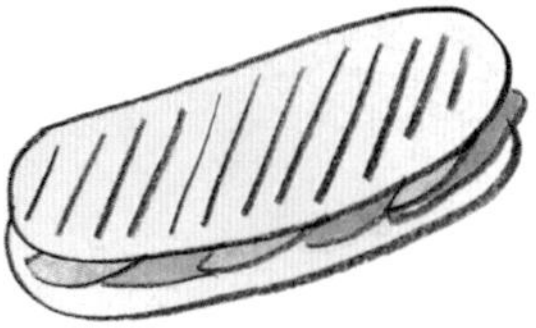

バヌトン【banneton】

カンパーニュなどの大型パンを発酵させる時に入れるかご。打ち粉をふってから生地を入れるので、発酵した生地にその模様がつきます。この場合グルグルとした模様です。

パネトーネ【panettone】

ミラノ発祥のクリスマス用の発酵菓子ですが、今では1年を通して店頭に並ぶようになりました。ドライフルーツとフワフワ生地が特徴の、パーティーにぴったりなパンです。

ハパンリンプ

【happan limppu】

ハパンは“酸味”、リンプは“なまこ形”を意味します。酸味に加えて甘みもあるので、見かけによらず食べやすいライ麦パンです。薄くスライスしていただきます。

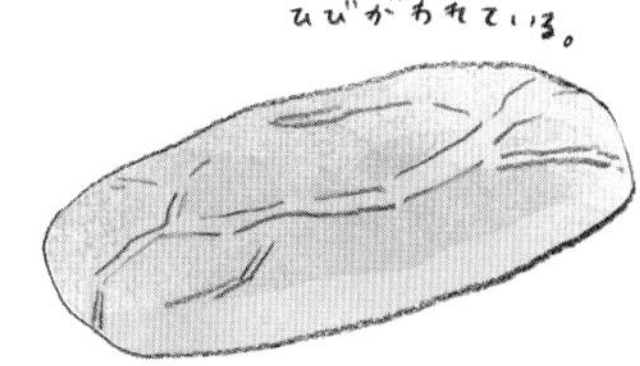

はやねはやおき【早寝早起き】

パン屋さんは、朝が早いことで知られています。職人さんの起床時間は、午前1時～4時の間。就寝時間は、午後8時～12時までの間。起きる時間は大体決まっていますが、寝る時間はその日によってまちまち。少しでも睡眠時間を確保するために、パン作りが落ち着いたら仮眠をする方が多いようです。職人さんにお話を聞くときは、夕方に行くと寝ている場合が多いのでお昼過ぎくらいに訪問するようにしています。

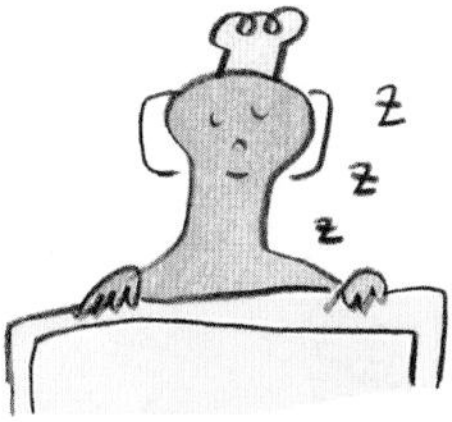

バラエティブレッド

【variety bread】

主食として食べられている白い食パンや食卓パン以外の食事用パンのことを指します。国によって対象が異なるので、具体的にどのパンを指すのかはっきりと示すことができませんが、ライ麦や雑穀の穀類、かぼちゃの種などの種類、ドライフルーツなどを混ぜたパンを指すことが比較的多いようです。

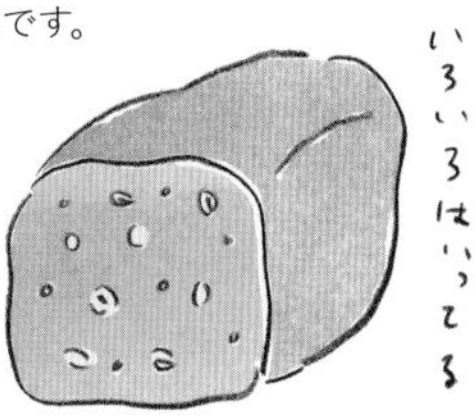

ばらぱん【バラパン】

バラの花のような形をした島根のご当地パン。山型パンを細長く切り分け、自家製クリームを挟みグルグルと丸めて作られています。作り方は創業当時の職人さんが考案して以来変わっていないそうです。味は、バラ、白バラ（上に砂糖がのっています）、コーヒー、イチゴの4種類。

㊐（有）なんぽうパン｜☎0853-21-0062

パリ【Paris】

パンといえばフランス。今までパンを求めて2回行きましたが、ハプニングだらけでパンを日常的に楽しめなかった気がします。そんな浅はかな経験でもいえることは、クロワッサンはどこで食べてもパリパリでおいしかったということ。これは意外でした。そしてよく中国人に間違えられました。

パリの思い出
パン
シルブプレ
パンを食べまくる
特にクロワッサンが印象に残っている
カフェで
サクサク
ホテルの朝食
どこで食べても
びっくりするほどハズレなしでおいしい
パリッパリッ
クロワッサンも
さすがパリ
スリ
治安が悪そう。気をつけよう。
盗難
スリ
ひったくり
ドキドキ
ボロい服きていこう
・・・・
チャリーン

ちょっとブレイク
短パン
短パンを
はいた
カメラマンの
おじさんと
出会う
ボンジュール
シーソーを
して 写真をとった
キスは
日本語で
なんていう？
と聞かれたので
seppun
とおしえて
あげた
パン2
友達と
まちあわせ
をしている
げ!!
ホテルの
名前を
忘れた
どうしよう
オロ
オロ
ひとまず
パンを
食べよう

パリジャン【parisien】

“パリッ子”という意味で、少し前まではフランスで最も主流の食事パンでした。バゲットよりも一回り大きい親分のような風格を持つパン。

パン・オ・ショコラ
【pain au chocolat】

四角いクロワッサン生地に板チョコを巻き込んだフランスの菓子パン。中にどんな質のチョコレートを使うかによってそのパンに対する満足度が変わると思います。

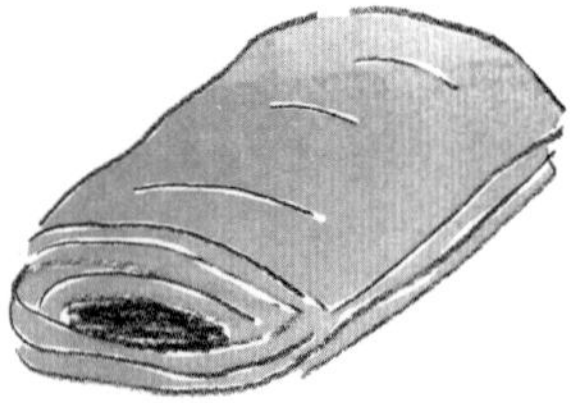

パン・オ・セーグル
【pain au seigle】

ライ麦が入ったフランスパン。ライ麦はグルテンを形成せず、ふくらみがよくないのでどっしりとした重いパンに仕上がります。ライ麦の配合率によって名称が変わり、“パン・ド・セーグル（65%以上）”、“パン・オ・セーグル（65%以下）”と呼ばれます。ライ麦を30%ほど配合したパンが日本人にとっては食べやすいようです。

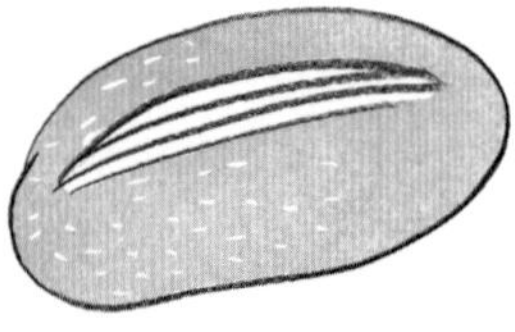

パン・ド・ミ【pain de mie】

ミとは「中身」のことで、皮を食べるバゲットに対して“中身を食べるパン”という意味でこの名前がつけられています。 歯切れの良い軽い食感で、豊かな香りと口溶けの良さが特徴です。

パン・ド・ロデヴ
【pain de lodève】

発祥地である南フランスの小さな街・ロデヴの名前がついたパン。現地では「パン・パイヤス」という名前で親しまれています。水分を大量に使って生地を仕込み、ほとんど成形をせずに焼きます。水分量が多いので、生地の扱いがとても難しいそうです。仕上がりのクラストはカリッと、クラムはボコボコとした空洞がありモチモチ。日持ちもするので翌日も楽しむことができます。

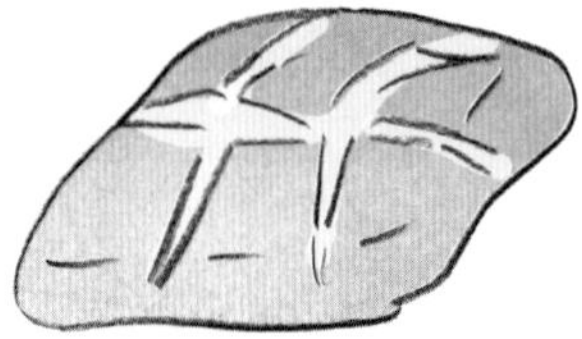

ぱんがゆ【パン粥】

細かくちぎった牛乳とパンを煮込んで作るお粥で、赤ちゃんの離乳食や食欲がない時に食べます。

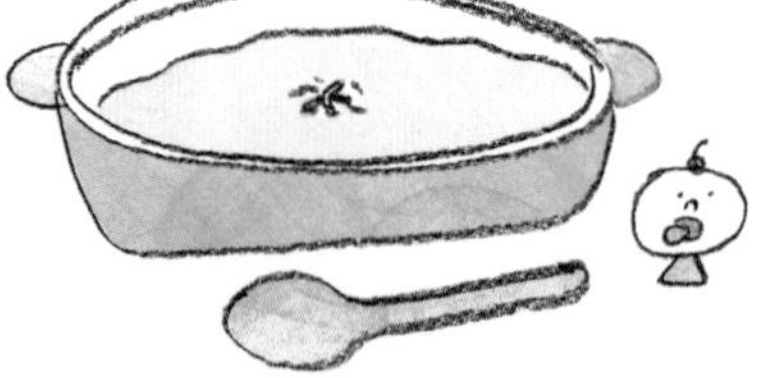

ぱんきゅー【パンQ】

『ナガタパン』の社長、永田秀人さんがリーダーを務めるジャズバンドの名前。活動の拠点は福岡、メンバーは現在6人でアメリカの古きよき時代のジャズを中心に演奏しています。

ぱんくいきょうそう【パン食い競争】

運動会の競技のひとつで、吊るされたパンを口でくわえてゴールに向かって走り順位を競います。1874年『海軍兵学寮』の運動会であんパンの失敗作を譲り受けてパン食い競争が行われた説、1896年『札幌農学校（現北海道大学）』の運動会で開催された"食菓競争"がパン食い競争の初めとされる説、その起源は諸説あります。運動会以外のイベント会場などで開催する時は、パンを吊るすのが難しいので、手を使わずにお皿の上にのったパンを完食するという場合もあるようです。

パンゲア【pangea】

大昔に存在した超大陸『パンゲア大陸』のこと。

パンケーキ【pan cake】

小麦粉に卵、牛乳などを混ぜてフライパンで焼いたケーキ。イギリスではイースターの時期になると、パンケーキをフライパンにのせて走る競争大会も開催されています。

はんこ【判子】

福岡のはんこ屋さん、小金丸彫刻工業㈱の店先では日替わりでパン屋さんが出張販売に来ています。その名も「はんやさんdeパン屋さん」。「はん」と「パン」の語呂のおもしろさからこの取り組みを始めたとか。100年以上続く老舗はんこ屋さんの店先でまさかパンが売っているとは思わず……、足をとめる人多数です。

ⓘ小金丸彫刻工業（株）
福岡市中央区
赤坂3丁目1-5
☎092-751-1636

ぱんこ【パン粉】

パンを砕いて粉にしたもので、揚げ物や肉料理のつなぎに使われます。日本では主に食パンを利用した「生パン粉」とそれを乾燥させた「乾燥パン粉」に分けられます。

ぱんこいくらぶ【パンコイくらぶ】

食パンを餌にしてコイを釣る、手軽に楽しめる川遊び。詳しくはP111へ。

ぱんじゅう【ぱんじゅう】

半球型の饅頭の中にあんこが入っている郷土菓子。パンのように焼いた饅頭という説と、パンと饅頭を合わせたものという2つの説があります。

ぱんすたーずすいせい
【パンスターズ彗星】

ハワイのパンスターズ1望遠鏡が2011年に発見した彗星。

パンセ【pensée/Pensées】

①フランス語で“思想”の意味。 ②ブレーズ・パスカルさんが残したノートの端書きを元に作られた遺稿集のタイトル。

パンタグラフ【pantograph】

電車のこの部分。架線から電気をとるための集電器です。

ぱんち【パンチ】

発酵の途中で生地を折りたたんだり押したりしてガスを抜き、弾性（変形して元に戻る力）を高める作業。何度殴られても起き上がる人のようです。

パンテオン【pantheon】

すべての神を祀る神殿。ローマやフランスにあるものが有名です。

パンデロー【pao de lo】

ポルトガルの伝統的なお菓子。しっとりと焼き上げたものや、パサパサのものなど、地方によって焼き方はさまざまです。日本のカステラの原型になったお菓子ともいわれています。

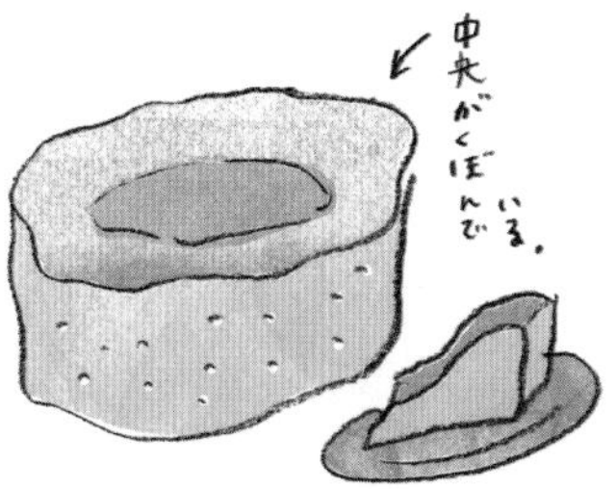

パンドーロ【pan doro】

卵とバターをたっぷり使ったクリスマスの発酵菓子。"黄金のパン"という名前の由来に負けない、リッチな中でもさらにリッチな配合のパンです。

パントマイム【pantomime】

ギリシャ語で"すべてのものを真似すること（pantomimos）"が語源の、体だけでおしゃべりをする芸のこと。

パントリー【pantry】

キッチンに隣接した食料品を保存したりする収納倉庫のこと。

パンナム【PANAM】

アメリカにかつて存在した航空会社『パンアメリカン航空』の略称。デザイン性に優れたポスターやグッズには現在でも熱心なコレクターがいるそうです。

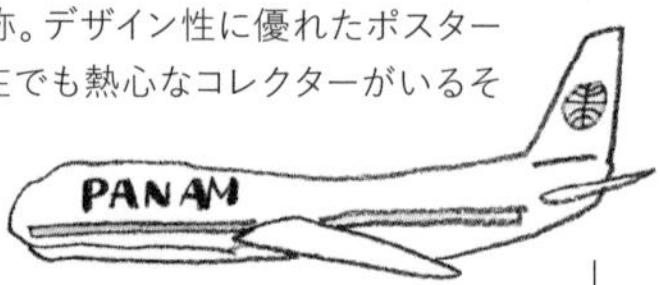

ぱんのかい【パンの会】

①1993年〜2005年の間に愛パン家・渡邉政子さんが主宰していたパンが大好きな人たちのための会。私も入会しておりました。 ②明治末期に結成された耽美派の青年芸術家達の懇談会のこと。芸術家が夜な夜な語り合うサロンのようなものです。

ハンバーガー【hamburger】

丸形のバン（日本では「バンズ」と複数形で呼ぶ）に、パティを挟んだサンドウィッチ。1904年にアメリカ・セントルイスの万博で初めてのハンバーガーが誕生したといわれています。

ぱんふぁるしー
【パンファルシー】

ファルシーは“詰める”という意味のフランス語。バゲットのクラムをくり抜き、中に具を詰め込んで輪切りにしたパンです。耳を切り落とした厚い食パンを軽くトーストし、皿状になるように中央のクラムを取り、その中に具を詰めて再度焼く場合もあります。見た目が華やかなので、パーティーの食事としてよく見かけます。

ぱんぷでぃんぐ【パンプディング】

型にパンを敷きつめて、プリン液を流し込んで焼いたお菓子。余ったパンを使うことが多く、いろいろな生地を集めて焼くとおもしろくておいしいです。

パンフラワー【pan flower】

粘土で作った造花のこと。人形など、花以外のモチーフでも作成されています。発祥の地メキシコでは、実際にパンを原料にして花の形を作っていたそうです。

パンフレット【pamphlet】

会社案内、お店のチラシなど、紙の宣伝媒体のこと。

パンペルデュ【pain perdu】

フランス語で“失われたパン”という意味で、硬くなったパンを牛乳やたまごで作った液に浸して焼いたデザート。 ㊫フレンチトースト

ぽんぽん【パンポン】

ノートサイズくらいの板をラケットとして使い、軟式テニスボールを打ち合うスポーツ。大正10年頃、茨城県・日立製作所の工場で生まれたとされています。

ぱんまめ【パン豆】

愛媛県の東予地方では、引き出物に「パン豆」とよばれるポン菓子を贈る習慣があります。「元気でまめに暮らしてほしい」という思いが込められたお菓子だそうです。

はんやきぱん【半焼きパン】

パンを焼く時に、完全に焼かずに色がつく手前で終えたパン。それを冷凍保存し、レストランやお店で最終の焼き色をつけて提供します。アメリカ発祥の製法で“ブラウンサーブ”ともいわれます。

ぱんらぼ【パンラボ】

毎月ひとつずつテーマを決めて、ライターの池田浩明さんを中心に、パン愛好家、現役パン職人、デザイナー、編集者が集まり「パンってなんだろう」と模索する研究所。その成果は、月刊『パニック7ゴールド』誌とブログで日々発表されています。一見クールだけれど、いま最も熱いパン集団。

ⓘパンラボ | http://panlabo.jugem.jp

ピーナッツバター【peanut butter】

ピーナッツから作られたペーストやスプレッドのこと。パンにたっぷり塗って食べます。甘みが少ないと感じた時は、甘いフルーツやジャムを乗せて一緒にいただくとよいかもしれません。りんご+ピーナッツバターというのが我が家の定番です。

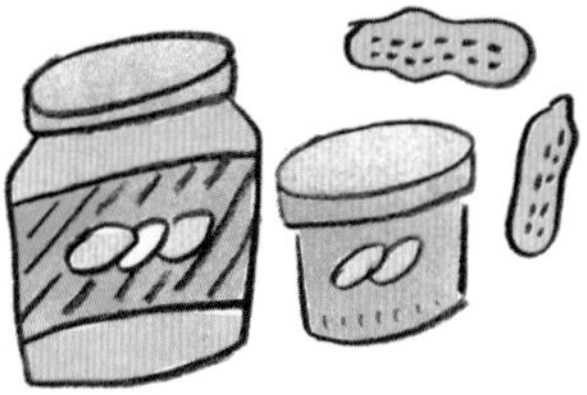

ビール【beer】

"液体のパン"とも呼ばれるほど、古い歴史とパンとの関わりがある飲み物。紀元前4000年以上前のメソポタミアで、麦を加熱したお粥に偶然酵母が入り込み、発酵したものが世界で初めてのビールだったのだとか。

ピール【peel】

果実の皮を砂糖漬けにしたもの。パン生地に入れたり、仕上げに乗せて使います。

ピクニック【picnic】

"お弁当"といえばおむすびだった幼少時代、友達とピクニックに行く機会がありました。公園でレジャーシートを広げ、各々お弁当を広げていただきます。その中の1人にふと目をやると、ロールされたサンドウィッチをおいしそうに頬ばっている姿が。お弁当はおむすびだけじゃないんだ！　と気づき、私も母に頼んで特別な日にロールサンドを作ってもらうようになりました。なんだか幸せな気分、形が変わっただけで気分も変わるものです。

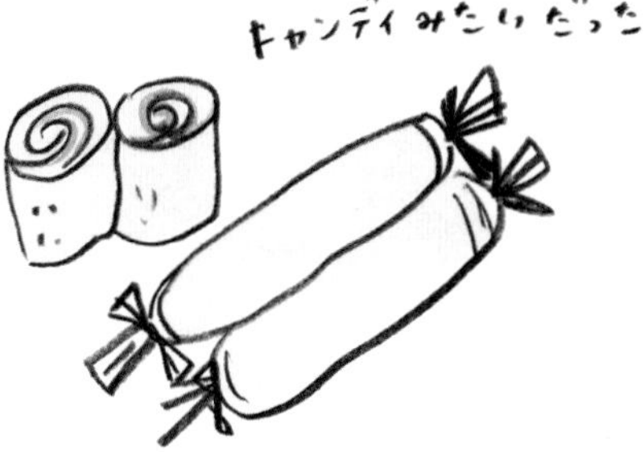

びごさん【ビゴさん】

フィリップ・ビゴさんのこと。レイモン・カルヴェルさん[→P166]とともに、日本にフランスパン（バゲット）を広めた方です。

ぴざぱん【ピザパン】

ピザをそのまま小さくしたようなふかふかパン。ジンジャーエールとともにいただけば、気分はアメリカン。

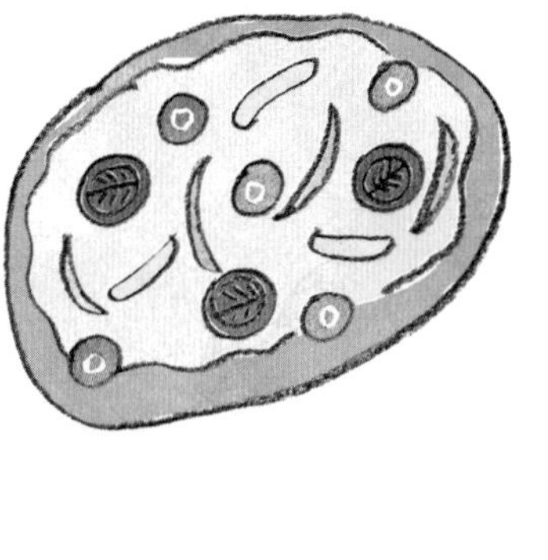

ひじきぱん【鹿尾菜パン】

パン生地にひじきを入れて焼いた健康的なパン。まん丸のものや、お焼き風など形はさまざま。パンを半分に割ると出てくる黒い物体が最初は違和感でしたが、見慣れてくるとそうでもない。和風の味付けに愛着を感じずにはいられません。そういえば、ハード系の生地に包まれたひじきパンを今までみたことがないなと思いました。

ひすいぱん【ヒスイパン】

びっくりする色です。ものがなかった60年前に、初代工場長がこげてしまったあんパンをどうにか使えないかと考え、和菓子に使っていた緑色の羊羹をつけてみたことからヒスイパンは誕生しました。中にはあんこが入っており、食べてみると意外とさっぱりしていておいしいです。

㊐清水製パン ｜ ☎0765-82-0507

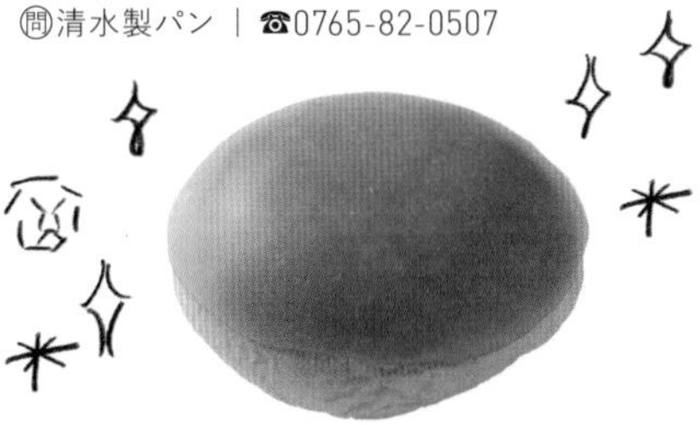

びすけっと【ビスケット】

①ビスケットはラテン語の“ビスコクウトム・パネム（biscoctum panem）”に由来するとされています。ビス＝二度、コクトウム＝焼く、パネム＝パンで、“2度焼きのパン”という意味になります。日持ちがするので、古代ギリシア・ローマ時代から、兵糧食や保存食として食されていました。
②メロンパンの上にのせたサクサクとした菓子生地の部分をビスケット生地といいます。

びせいぶつ【微生物】

空気中に無数浮遊している肉眼では見えない生き物。菌類も多数含まれ、パンに使われるイースト（酵母）は、パンに適した微生物を工業的に純粋培養したものです。“天然酵母”といわれる酵母は、自然界の穀物や果物、植物に付着している酵母菌を培養して発酵種を作ります。

ぴたぱん【ピタパン】

世界のパンの生まれ故郷、中近東のパン。空洞に食材をつめて食べたり、表面がカリッとするまで焼いたりします。「ピタ」という言葉、元はギリシアでパイ生地のことを指していたそうです。
㊫ポケットブレッド

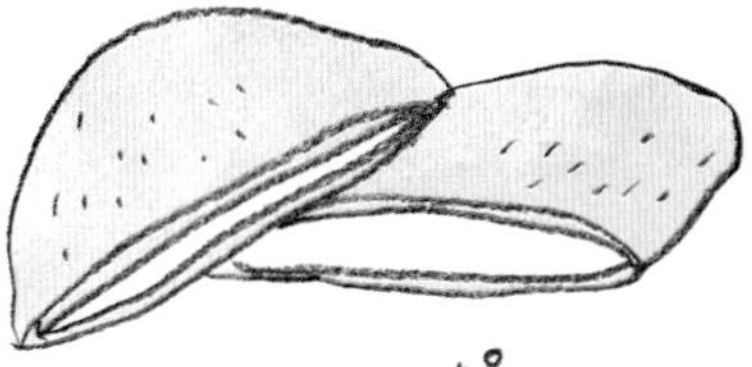

ひと【人】

ひとつのパンにさまざまな種類や表情があるように、そのパンを作り出す職人さんにも様々な個性があると思います。そして、その個性は、店構えやパンの並べ方、店内のちょっとした置物などにも派生し、その人の味も加わりお客さんに伝わっていくのだと思います。そう考えるとパンだけではなくて、その向こう側にいる「人」にも興味が湧いてきませんか。

『つくるひと』

男性ひとりで切り盛りするパン屋さん

発酵博士のような方で、店内は酵母菌がふわふわと飛んでいそうな雰囲気です。もちろん発酵つながりのお酒も大好き。

女性ひとりで切り盛りするパン屋さん

雰囲気はとても柔らかい。でもパンを食べるとしっかりとした揺るぎない力強さを感じます。ほっとします。

販売は奥様、寡黙なご主人が焼くパン屋さん

パンを噛み締めていると大事に作っているという気持ちが伝わってきます。言葉は少なくてもパンで想いは伝えられるものなのだなとその時思いました。

老舗パン屋のおじいさん

パン作りは他の店員さんにまかせて、工房の奥で楽器を弾いていたりします。

やさしい表情の男性が焼くパン屋さん

よい意味であっさりとした味のパン。個性が強くないのが逆に個性になっています。

『食べるひと』

おかあさん

おとうさん

こども達

一部の男性

女性

とあるパンオタク

食べても太らないひと

食べたら太るひと

びる【ビル】

福岡の町を歩いていると、目に入ってきた「パン会館」なる看板！　アドレナリンが出るのを抑えつつ、ビルの入り口まで行ってみると「福岡縣パン會館」という趣のある文字が並んでいました。1階には、中小のパン屋さんと、学校給食用のパンを作るベーカリーで組織された『福岡県パン協同組合連合会』の事務局があります。戦後まもない昭和25年にパン組合創立、昭和34年にこのパン会館が建てられました。その当時、福岡の町にはパン屋さんが続々と開店していたそうです。2階から4階にはデザイン事務所、芸能プロダクション、アンティークショップが入居しています。

ⓘ福岡県パン会館
福岡市中央区天神5丁目6-12

ピロシキ【pirozhki】

ロシアのポピュラーな揚げパン。日本では揚げたものが多いですが、ロシアでは焼いたものが多く、パンというよりも粉料理にあたるそうです。中には肉や野菜などの具が入っており、家庭やお店によってサイズや具の種類が変わります。

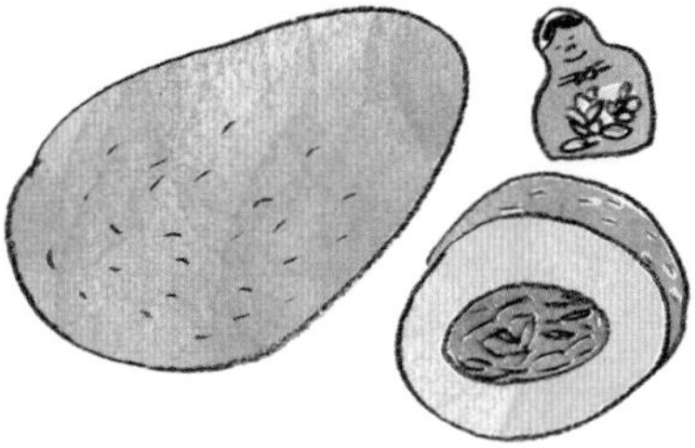

びん【瓶】

パンにまつわる瓶の使い方あれこれ。

煮沸消毒して、果物、水、蜂蜜を投入し天然酵母を作る。

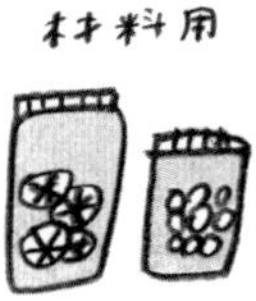

パンに使うドライフルーツ、ナッツ、香辛料などを保存。

スコーンやビスコッティなどのお菓子を入れ店頭に置く。

煮沸消毒してジャムを保存。ペーストやパテの保存用としても。

ファッション【fashion】

パンを買いに行く時は、軽装でいきたいものです。さらりと入店してお気に入りのパンをいくつか買い、店主さんと少し世間話などをして帰るのが理想。旅先だと、キャリーカートをひいて重たい荷物を持ちながらパン屋さんへ入ることになるので、気が重たくなります。パンはずっしり重たいパンが好きだけど、荷物は軽くしたい。いつもどちらを選ぶか悩みます。

ちいさなお店では大きなリュックは手に持ちましょう。

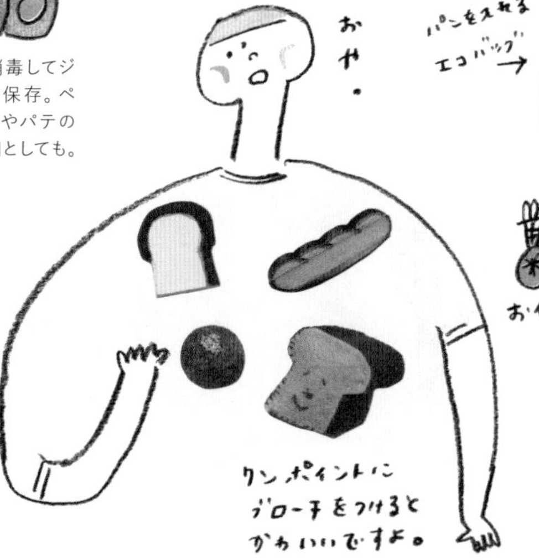

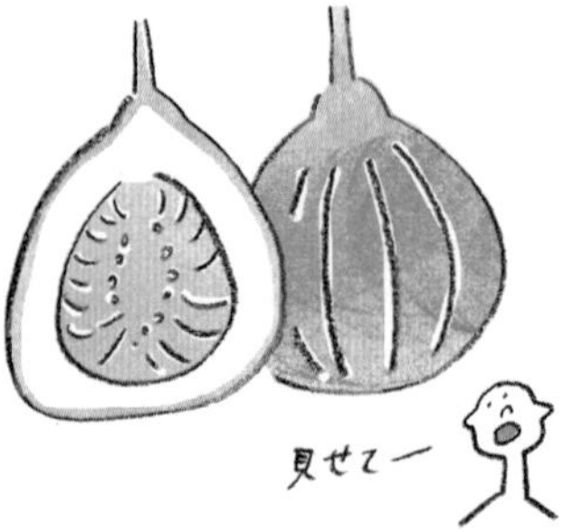

フィグ【fig/figue】

英語・フランス語で「いちじく」のこと。パンに使われるのは乾燥させた状態のものです。中に無数の白色小花がついていますが、外からはみえないので漢字では「無花果」と書きます。

フィセル【ficelle】

“ひも”という意味の、バゲットよりも細くて短いフランスパン。中のやわらかい部分が少ないので、クラスト[→P66]を楽しみたい人に向けたパンです。

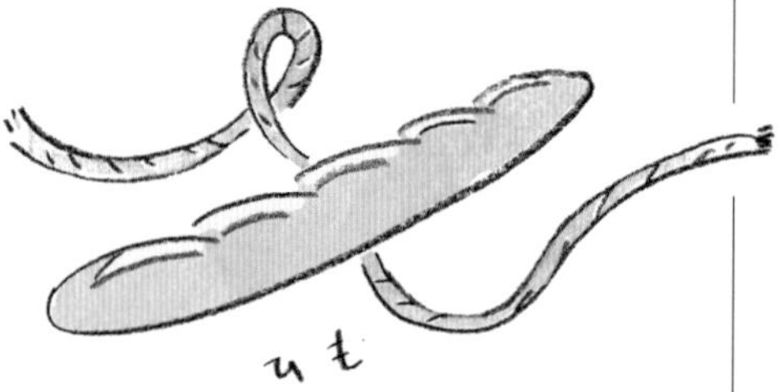

フィユタージュ【feuilletage】

フランス語で“バターを折り込んだパイ”のこと。職人さんが生地にバターを入れ忘れ、後からバターを折り込んだところ、サクサクして意外にもおいしいパイができあがりました。その失敗が始まりとされています。

フィリング【filling】

パンの中に詰める具材のこと。菓子パンに詰めることが多く、あんこやジャム、クリーム類、カレーなどがあります。市販のものを使用しますが、沢山使用する時やこだわりが強いパン屋さんは自家製の場合もあります。

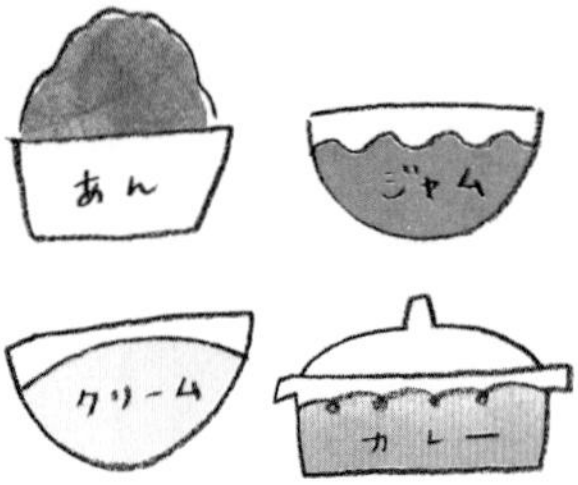

フーガス【fougasse】

南仏一帯が発祥の地である変わった形のパン。カーニバルの「仮面」説や「葉っぱ」説など、その独特な形にはさまざまな由来があります。パン生地にはハーブを入れることがあり、食欲をそそるよい香りがします。

ブーランジェリー【boulangerie】

フランス語でパン屋のこと。職人さんのことは、“ブーランジェ（boulanger）”と呼びます。

プーリ【puri】

火を通すとプーッと膨らむ揚げパン。材料はチャパティ［→P98］と一緒で生地をこねた後、めん棒で円形に伸ばして油で揚げます。薄く伸ばすと生地が膨らまないので少し厚めに伸ばすのがコツ。

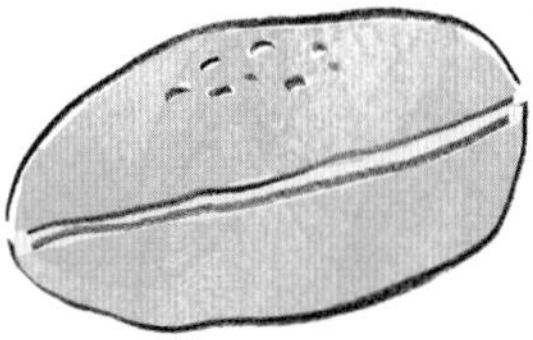

ブール【boule】

“ボール”という意味の丸いフランスパン。“パン屋”を意味するブーランジェリー（boulangerie）の語源になっています。中の生地はふわふわモチモチ。

フォカッチャ【focaccia】

古代ローマから伝わる伝統のあるパンでピザの原型ともいわれています。オリーブオイルを生地に練り込み仕上げにも使います。ローズマリーやオリーブを乗せたりと、生地の上でプチイタリアンの風景が広がります。

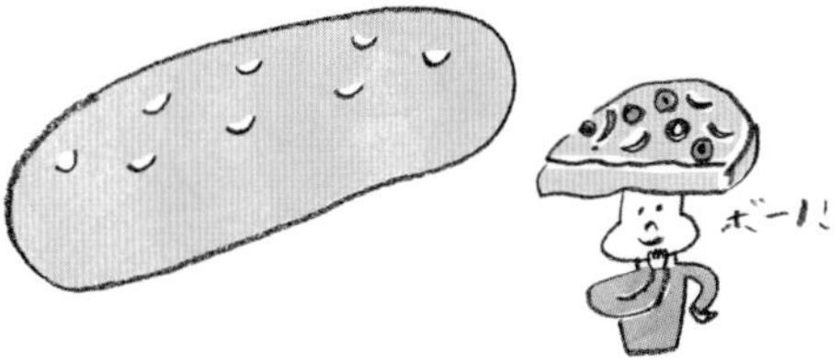

フォルコンブロート【Vollkornbrot】

ライ麦全粒粉を中心に、丸麦、大麦、あわなどさまざまな穀物が入った健康的なパン。スープと一緒にいただきます。

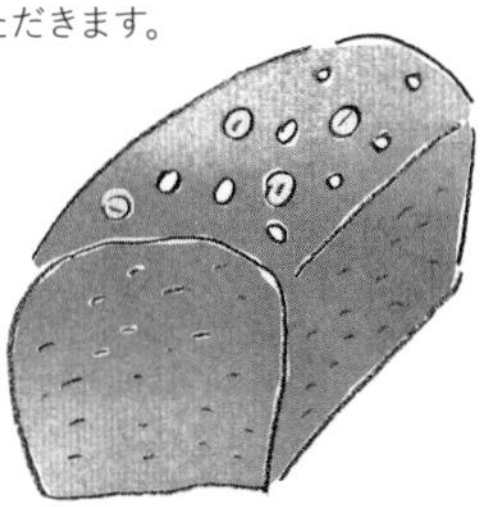

フォンダン【fondant】

砂糖と水を煮詰めて練ったものでパンの仕上げに使われます。シナモンロールの上にかかっているのをよく見かけます。パリパリとしており、ふんわりしたパンにアクセントを与えます。

フォンデュ【fendu】

①フランス語で“双子、割れ目”を意味するパン。めん棒で真ん中を伸ばし成形した2つの山が特徴で、クラストはカリッとしていて、クラムはやわらかいです。生地の配合はバゲットと一緒。
②チーズフォンデュの「フォンデュ」は“溶けた（fondue）”という意味。白ワインとチーズを溶かしたものにパンなどをつけて食べるアルプス地方の郷土料理のことをいいます。

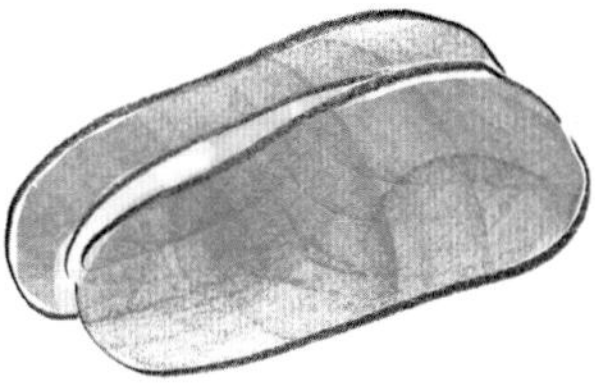

ふくおか【福岡】

福岡名物といえば、明太子、ラーメン、もつ鍋……。男らしいものばかりで、「パンなんか食ってられん、やっぱり銀飯やろ！」という人々の声もちらほら聞こえてきます。そんな人でも一度は行ったことがあるであろう、北九州のサンドウィッチ専門店『OCM』。17種類の中から好きな具材を2つ選んで、高い方の金額のみ支払うシステム。パンは北九州の老舗『シロヤ』の食パン。できたてを使いたいので、1日に何度もパンに受け取りに行くという真摯な姿勢。なんと創業当時の1978年からこのスタイルは変わっていないそうです。店名の『OCM』は“ゼロセンチメートル”という意味から。初心を忘れずという思いが込められていて、サンドウィッチの変わらぬおいしさがそれを物語っています。

ⓘサンドウィッチファクトリー OCM（オーシーエム）
福岡県北九州市小倉北区船場町3-6
近藤別館2F　☎093-522-5973

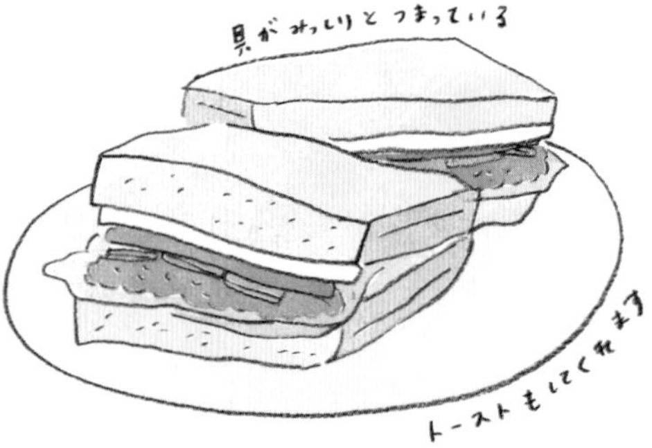

ボリューム満点のサンドウィッチ。一番人気は、鶏肉ミンチとたまねぎを炒めたOCMのオリジナルとチキンの組み合わせ。個人的にはオリジナル＋クリームチーズの組み合わせも好きです。

創業当時はOCMと書いて当時の流行り言葉“オセンチ”と読んでいたそうです。

ふくだぱん【福田パン】

岩手県・盛岡のソウルフード。大きなコッペパンにあんことバターを挟んだ「あんバター」が有名で全国的にも知られています。販売はカウンター形式になっており、コッペパンに挟みたい具を伝えるとお店の人がその場で挟んでくれます。具は甘いフィリングからお惣菜まで60種類以上あり、何を挟むのかが迷うところ。ライターの南陀楼綾繁さんが『福田パン』訪問記を書いてくれています。詳しくはP45へ。

ⓘ岩手県盛岡市長田町12-11
☎019-622-5896

店内は50～60年代のアメリカンな雰囲気が漂います。空間作りは奥様・美紀さんのセンス。

ふくれ【ふくれ】

黒糖味の蒸しパンで三角形であることが多いです。昔、怒ってほっぺたを膨らませていたら「ふくれみたいやね！」と母親にいわれました。

ふくろ【袋】

パン屋さんオリジナルの袋を集めています。最近のパン屋さんはビニールが多いですが、昔ながらのパン屋さんは紙袋が多いです。焼きたてのパンはガサッと紙袋に入れてもらえると嬉しくなります。

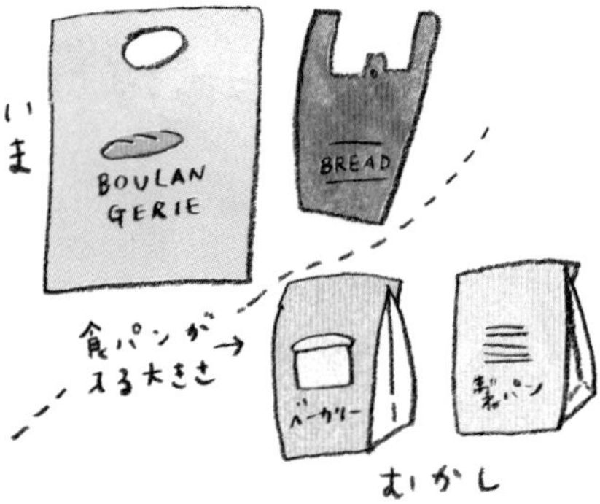

ふくろぱん【袋パン】

コンビニパン［→P76］のこと。

ふすま【bran】

小麦の外側の皮部分のこと、もしくはそれを挽いたものをさします。ミネラルを多く含むので生地に少し加えると健康的なパンを作ることができます。

ぶどうぱん【ぶどうパン】

ぶどう（レーズン）をパン生地に練り込んだ菓子パン。学校給食のぶどうパンはどうにもこうにも苦手でした。でもある時から食べられるようになる、不思議なパン。

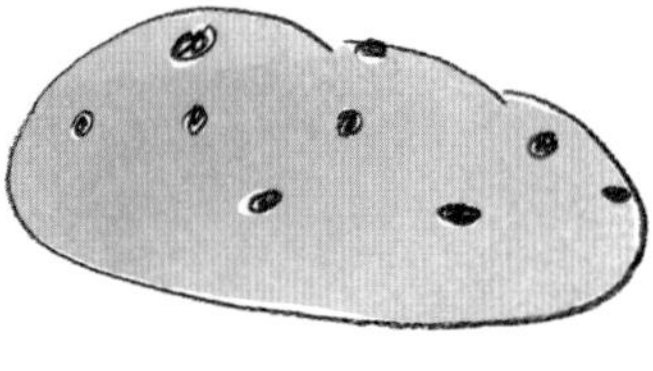

フライパン【frying pan】

煮る、焼く、蒸す、便利な調理器具。オーブンがなくてもフライパンひとつで本格的な発酵パンを作ることができます。パンにフライパンで作ったおかずを挟んで、パンパンパーティはいかがでしょう。ちなみにフライパンのパンは“平鍋”を意味する英語です。

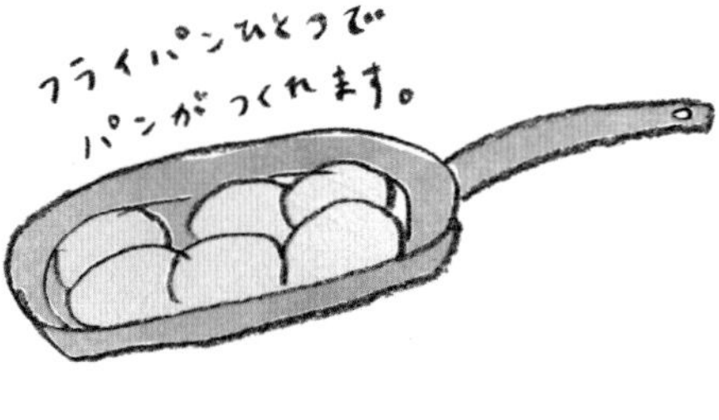

ふらんすぱん【フランスパン】

日本のパン屋さんでよく見かける「フランスパン」という名前。多くの方が想像するフランスパンは、硬くてシンプルな食事パンではないでしょうか。でも実は、フランスパンという名前のパンは本国フランスにはなく、「パン・トラディショネル」という伝統的な製法で作られたパンのことを指すのです。

パン・トラディショネル
pain traditionnel

小麦粉、酵母、水、塩のみで作られる棒状のパン。天候や小麦粉によって味が変わるので作るのには技術や長年の勘が必要です。クープの数や長さによってパンの名前が変わります。

[パリジャン parisien]
[→P124]
約60cm／クープ5本

[バゲット baguette]
[→P118]
約60cm／クープ7～9本

[バタール batard]
[→P118]
約40cm／クープ3本

[フルート flute]
[→P141]
約60cm／クープ7本

[フィセル ficelle]
[→P136]
約40cm／クープ5本

パン・ファンテジー
pain fantaisie

パン・トラディショネルと生地は同じですが、棒状ではないパンのことです。
丸いもの、麦の穂のようなもの、棒状に比べるとこちらの方が見分けがつきやすそうですね。形によって食感が変わるのもおもしろいです。

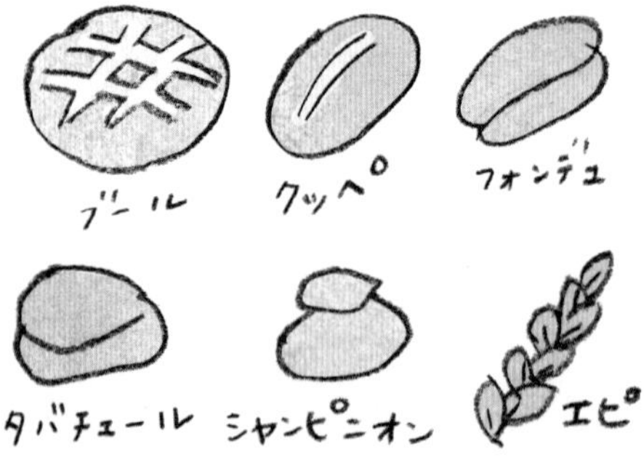

フランソア・シモン【François Simon】

フランスの過激なグルメジャーナリスト。1999年と2001年の『Casa BRUTUS』パン特集に登場、パン屋さんを巡り、日本のパンについての感想を執筆していました。その感想がとてもおもしろく衝撃的。例えば、有名ブランド店の販売員については「ここではレジはオートマティックではあるが、店員はキーを押す以外の余裕はないと見える」、あるお店の天然酵母パンについては「多種多様な言葉で絶えず話しかけてくれる、そんなパンなのだ」「きちんと顔を持つパンからは、簡潔さを感じる」といった具合に生き生きとした言葉が並びます。待ちきれず、どんどん活字を追いかけると「作り手が見えてこないパンには魅力がありませんよ」と最後に一言、同感！　と叫びました。

ブリオッシュ【brioche】

たまごとバターをたっぷり使用したパン。17世紀にクロワッサンとともにオーストリアから伝わったそうで、砂糖を加えたフランスのパンの中で一番古いといわれています。形はさまざまですが、最も一般的なものはポコッと飛び出たこぶが愛らしい「ブリオッシュ・ア・テット（僧侶の頭つきのという意味）」というパンです。

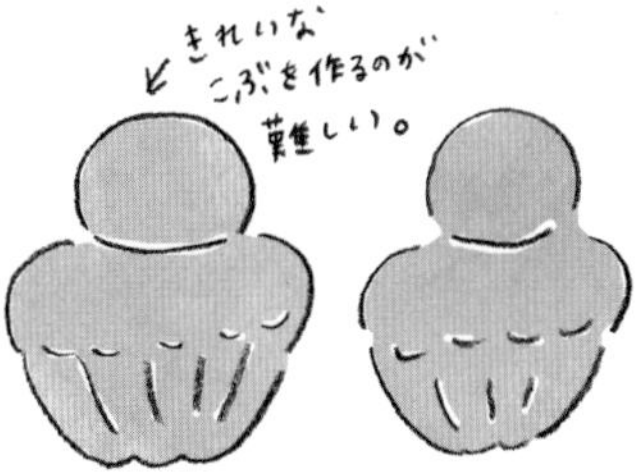

ブリヌイ【blini】

ソバ粉を使って発酵させたロシアのパンケーキ。クレープのように薄くサワークリームやキャビア、ジャムなどをのせていただきます。2月に行われる謝肉祭（バター祭り）では、普段よりもたくさんのブリヌイを食べる習慣があります。

フルート【flûte】

楽器の「フルート」のように細長いフランスパン。

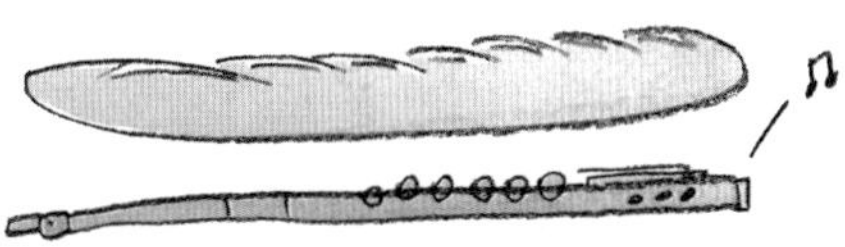

ブルスケッタ【bruschetta】

イタリア料理の前菜。軽くトーストしたパンに、お好みの具をのせて食べます。パンの表面にニンニクを擦りこみオリーブオイルをかけるだけというのが一番シンプルな食べ方。おつまみにぴったりです。㊮カナッペ

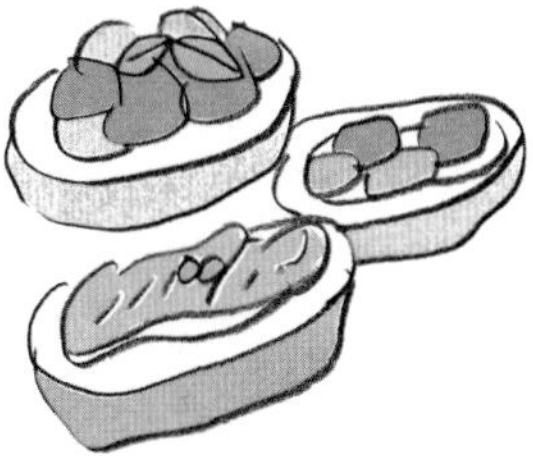

ブレッツェル【Brezel】

ラテン語で“腕を組む”という意味があるパンで、ドイツではパン屋さんのシンボルとして掲げていることも。独特のツヤの秘密は、最終発酵後にラウゲン液（アルカリ性のお湯）につけているから。ビールとソーセージと一緒にいただくとさらにおいしいです。

ブレッドウィナー

【bread winner】

パンを勝ち取ってくる人、一家の稼ぎ頭という意味の英語。

ブレッドケース【bread case】

パンを乾燥から守る保存用の缶。ホーロー、木製、籠、ステンレスなど様々な素材で作られたものが販売されています。パンを入れなくても食品収納の一つとしても便利。

フレンチトースト【french toast】

牛乳やたまごで作った液に、パンを染み込ませフライパンで焼いたもの。仕上げにジャムやアイスクリームを乗せるなどバリエーションが豊富なおやつです。 類パン・ペルデュ

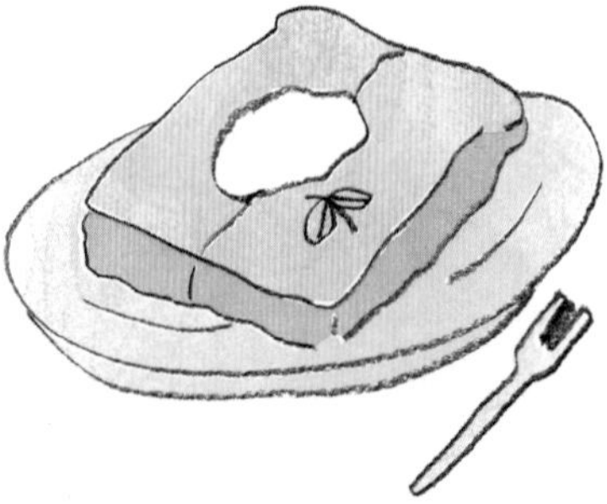

プンパニッケル

【Pumpernickel】

ライ麦全粒粉で作るしっとりとした蒸し焼きパン。お湯を張った100℃のオーブンで短くて4時間、長くて20時間蒸し焼きにします。低温で長時間熱することででんぷんの甘みが引き出され、マイルドな酸味があるパンに仕上がります。

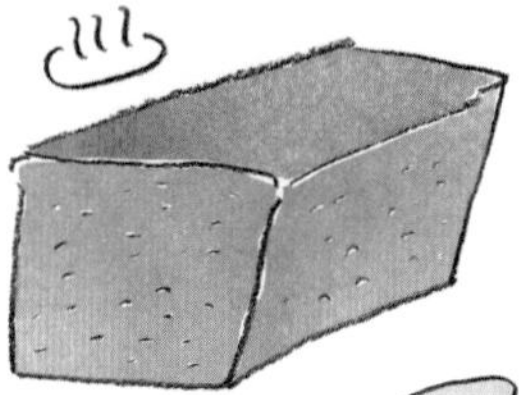

へあーすたいる

【ヘアースタイル】

いつもは三角巾やコック帽を被っているので見えない職人さんのヘアースタイル。どんな髪型なんだろーと想像します。

ベーグル【bagel】

17世紀後半、ユダヤ人の間で食べられていたパンが移民によってアメリカに渡り一躍有名になりました。茹でてから焼くことで、独特のもっちり食感が生まれます。

ニューヨークスタイル

油、卵、牛乳を使わない生地を茹でた後オーブンで焼く。

モントリオール スタイル

油、卵を入れ、塩が入っていない生地を蜂蜜入りのお湯で茹でた後、石窯で焼く。

バンノ注

一般労働者。自分でベーグル焼いたりもします。古いオーブンレンジの焼き具合に限界を感じてきたので、最新オーブンレンジを見に行ったら、缶詰はあっためられるわ、ゆで玉子は作れるわで、まさしく未来は現在（いま）ってかんじ。取り残された感パネー。

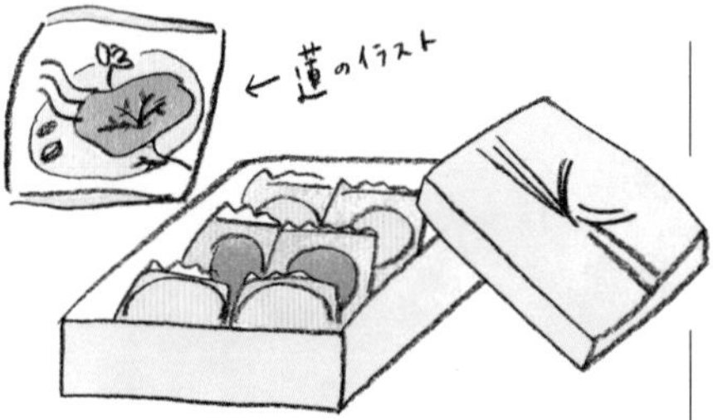

ほうじぱん【法事パン】

島根県東部と鳥取県西部の家庭では、法事の時にパンを引き出物として配ります。パンの種類はあんパンをはじめとしてさまざまで、パンを入れる袋に法事らしさを出しているようです。

ぼうしぱん【ぼうしパン】

丸いパンの上にカステラ生地がぼうしのようにかぶさっている、高知のご当地パン。カステラ部分はサクサク、中はふんわり。ぼうしのつば部分にファンが多いことから「ぼうしのみみ」として単独でも販売されています。「UFOパン」「スイートブール」という名前でも同じような形のパンがあり、フランスにも、「ル・パン・シャポー」といわれるぼうしパンがあるそうです。

ほうちょう【包丁】

パン切りナイフがない時は、いつも使っている包丁をお湯であたため、水気をふきとってから使うとスムーズに切ることができます。

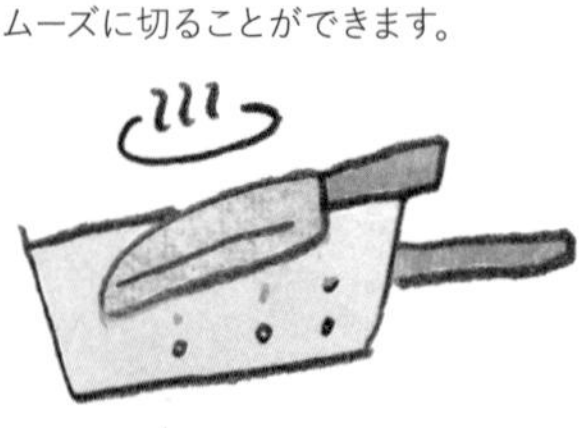

ほーむべーかりー

【ホームベーカリー】

家庭で簡単にパンが焼ける電化製品。粉を入れてスイッチを押すだけで発酵から焼き上げまでをやってくれる便利な機械です。中に入れる材料や粉に少し変化をつけるだけで、多種多様のパンを作ることができます。

ほーるせーるべーかりー

【ホールセールベーカリー】

スーパーのパンコーナーなどで購入できる大手製パンメーカーのこと。 反リテイルベーカリー

ほぞんほうほう【保存方法】

生鮮食品であるパンは買ったその日のうちに食べきるのが理想ですが、どうしても買いすぎてしまいます。その場合は冷凍庫へ。乾燥したり匂いが移るので冷蔵庫には絶対に入れないでください。クリームパンなどの中にフィリングが入っている菓子パンや惣菜パンは冷凍しない方が良いですが、その他のパンはほとんどが冷凍保存することができます。パンは空気が入らないようにひとつずつラップに包み、ジッパー付保存袋に入れ日付を記入後、冷凍庫にしまいます。保存期間は、パンにもよりますが1ヶ月程度です。

ホットケーキ【hot cake】

小麦粉にたまご、牛乳を混ぜて焼いたもの。パンケーキ［→P125］に比べると比較的厚く、甘い味付けのものが多いです。絵本『ちびくろサンボ』に出てくるトラのバターから作ったホットケーキをお腹いっぱい食べたいと、子どもの頃真剣に思っていました。

ホットサンド【hot sandwich】

トーストしたパンで具を挟んだ温かいサンドウィッチ。シーチキンとキャベツをマヨネーズで和えたものをパンに挟んで、ホットサンドメーカーでギュッとプレスしたものが個人的に好みです。

ホットドッグ【hot dog】

福岡・久留米で人気のパン。昭和23年頃キムラヤ創業者の萩尾芳雄さんがアメリカの『ホットドッグ』を「暑がる犬」と連想したことから、プレスハムを犬の舌のように挟んだパンが生まれました。なつかしい味とパッケージで長年久留米市民に愛され続けています。

問（株）木村屋 ｜ 2017年1月におしまれつつ閉店しました。

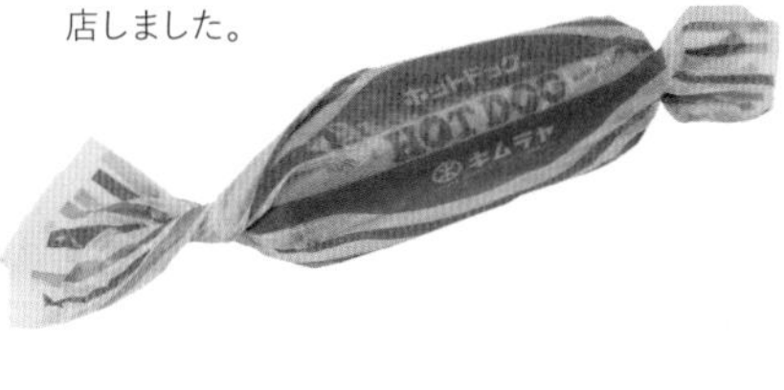

ほぶす【ホブス】

中近東の平焼きパン。ホブスはアラビア語で“パン”を意味します。具を挟んだり、スープをすくう際のスプーン代わりに使ったりしますが、形や焼き方などに特に決まりがないため、さまざまなパンが存在します。

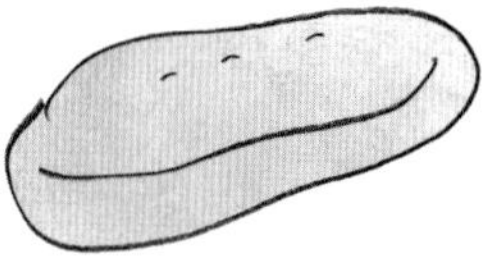

ポム・ド・テール【pomme de terre】

フランス語で“じゃがいも”を意味するパン。マッシュポテトを生地に練り込むことでしっとりもちっとした食感が味わえます。

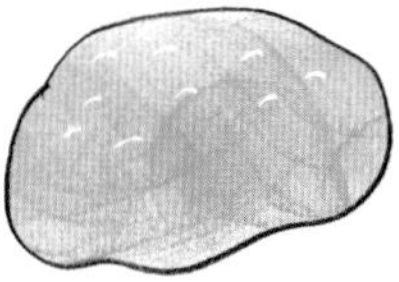

ほわちゅあん【花巻】

小麦粉、酵母、水だけで作るシンプルなパン。饅頭［→P151］を花びらの形にしたもの。

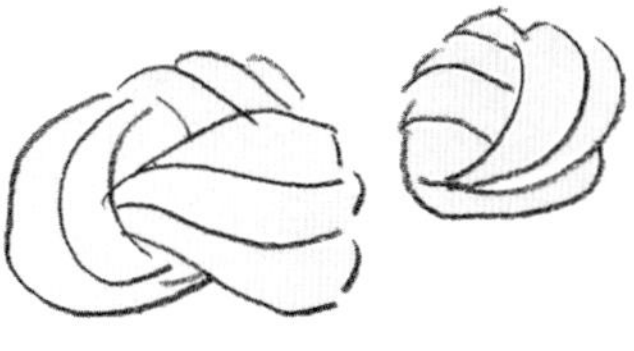

ポワラーヌ【Poilâne】

カンパーニュで有名なフランスで200年以上続くパン屋さん。一度は行ってみたいと思いつつ行けていない場所。パンと同じ小麦で作ったクッキーがおいしいのよと、とあるマダムからお聞きしました。

ほん【本】

パンと本、このふたつは似ていると思います。材料を探して、生地（記事）を練って時間をかけて発酵（発行）するもの。物語の中に出てくるパンはどんな味だろう。パンの香りがついた本なんてあったら素敵だなぁ。パンと本についての妄想はつきません。

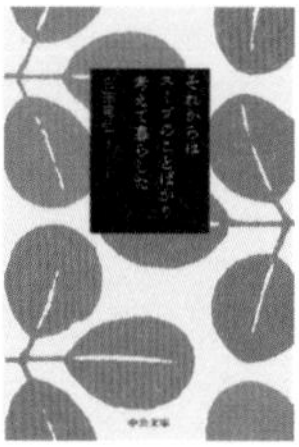

とにかくおいしそうな
「名なしのスープ」と
サンドイッチ

『それからはスープのことばかり考えて暮らした』
吉田篤弘
中公文庫

商店街のサンドイッチ店で働く映画好きの青年は、サンドイッチに合う新作スープを考えることに。それからはタイトル通り、スープのことばかり考えたり、隣町の小さな映画館に通い詰めたり。スープのようにさらりとしている物語だけれど、じんわりあたたかくて心に沁み入ってきます。

素朴な顔のパンが
ころころ転がって
行きついた先は……

『おだんごぱん
—ロシア民話』
瀬田貞二・訳／脇田和・絵
福音館書店

おばあさんが作ったおだんごぱんは、ころころ転がっていろんな動物に出会います。ぱんを食べようとする動物達を上手にかわしていきますが、最後にはきつねにパクリと食べられてしまいます。その終わりの姿があっけなく、きつねのほくそ笑む姿になんともいえない気分になりました。

酸っぱい黒パンが
この世でいちばん
うまいパンに変わる時

『収容所（ラーゲリ）から来た遺書』
辺見じゅん
文春文庫

太平洋戦争後、捕虜になり強制労働収容所に送られた日本人達。1日の食事に出されるのは一切れの黒パンと粥とスープ、ひとさじの砂糖だけでした。貴重な黒パンを巡る争いは日常茶飯事。人格を失うような悲惨な場面の数々に、パンを普通に食べていられる今がありがたく思えます。

ポン・デ・ケージョ

【pão de queijo】

ブラジル語でポンは“パン”、ケージョは“チーズ”という意味があります。独特のモチモチした食感は、タピオカ粉を使っていることから。ブラジルでは家庭でも作られており、みんなに親しまれているおやつパン。

パン×飯

戸惑う味覚

遠藤哲夫

私は昭和18（1943）年に新潟県の、いまでは「魚沼産コシヒカリ」で有名な土地で生まれ育った。小学1年のとき、パンの給食が2度ほどあったが、それで給食自体が終わった。小さいころは、おやつもにぎりめし。毎日のことでイヤになって、それを投げ捨て、すごく怒られたりした。

パンを食べるのは、珍しい甘いものを食べたくてのことだった。パン屋でコッペパンにナイフを入れてぬってくれるジャム。高校生のころは食パンにぬったチョコ味やピーナッツ味のマーガリン。

1960年前後、「米を食べていると頭が悪くなる」と書いた、医学博士の林髞著『頭脳』が大ベストセラーで話題になった。だけど、私にとって、パンはおやつ、菓子のたぐいで、「腹の味覚」を満たす「めし」に昇格することはありえなかった。

しかし、たった一つ、例外がある。戦後の進駐軍による配給の食パンだ。戦後間もなくから小学校に上がるまで、私は、東京の調布市にあった母の実家に、たびたび預けられた。その時、食べていたものだ。いまの食パンからは想像つかない、ざらざら荒っぽい肌で、ズッシリ重量感があった。焼くと素晴らしく香ばしいにおいが立ち、かじるとザクッとくる、なかまで粉っぽい、ワイルドなやつだった。これに、一緒に配給のコクのあるバターをぬって食べると、「めし」という感じだった。忘れられない味覚だ。

私は「プランナー」時代の1980年代中ごろ、ベーカーリーレストランの出店を手がけたことがある。開店してからも現場へ何回も行った。店内の風景を見ながら、やはり、パンは「めし」にはならないな、おもちゃのような生活だよ、と思った。別に悪いことではないけど、米のめしで飼いならされた私からすると、パンは、無いとさみしい生活のアクセント、「イメージの味覚」のものではないかと思っている。

えんどう・てつお
通称、エンテツ。フリーライター。新潟県生まれ、埼玉県在住。「気取るな、力強くめしを食え！」を掲げ、Webサイト「ザ大衆食」を運営。著書に『汁かけめし快食學』『大衆食堂パラダイス！』『大衆めし 激動の戦後史』など。

ぷく

プク

プク

プク

ま

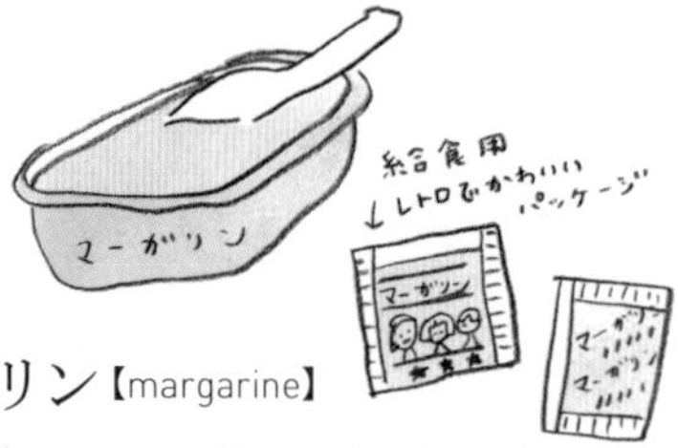

マーガリン【margarine】

1869年、当時フランスで不足していたバターの代替品としてマーガリンは発明されました。バターとの大きな違いは、バターは牛乳が原料、マーガリンは植物性・動物性の油脂が原料という点です。バターよりも安価で扱いやすいため、菓子パンを作る時に使われたりします。油脂含有量が80%以上のものを「マーガリン」、80%未満のものを「ファットスプレッド」といいます。学校給食用ではレトロな絵柄の付いたマーガリンがパンと一緒に出されていました。

マイチバイ【meitschibei】

“独身女性の足”という意味の、乙女の細い足をイメージして作られた菓子パン。名前の由来だけ聞くと少し意味深ですが、クラムはソフト、中には甘いナッツのフィリングが入っているだけのパンで、いたってシンプルで平和。お店によってフィリングは異なるそうです。

マジック【magic】

奇術師のアダチ龍光さんという方が十八番にしていた「パン時計」というマジック。観客から借りた時計を小さな小箱にしまい、その後いったん箱の中から時計は消えてしまいますが、用意していた一斤の食パンを切るとその中から時計が出てくるという内容です。食パンにまみれた時計が出てきたらパン好きでも少しムッとするかもなと、ふと思いました。

マジパン【marzipan】

アーモンドの粉末に砂糖や卵白を混ぜた粘土のような生地。お菓子の飾りを作る時に使ったり、シュトーレン[→P87]の中に詰めたりします。

マスタード【mustard】

実はサンドウィッチになくてはならない存在の調味料。お寿司に使うわさびのようなもので、ピリッと刺激を加え味のアクセントになります。無塩バターとマスタードを混ぜ合わせて使うこともあります。

マッツ【MUTTS】

2000年～2002年にマガジンハウスから発行されていた雑誌。読者参加型というアヴァンギャルドな内容と雰囲気が大好きでした。当時、上京したての田舎の学生だった私は『マッツ』のパン特集を片手にパン屋さん巡りをしていました。ボロボロになってしまいましたが学生時代の思い出の証です。

マフィン【muffin】

小麦粉に砂糖、卵などを混ぜてカップに入れて焼いたお菓子。中にチョコチップやバナナなどを混ぜ込んだものなど、さまざまな種類があります。パン屋さんのすみっこで何種類か売っているのを見かけると、ついつい買ってしまいます。

マラサダ【malasada】

ハワイの定番おやつ。ポルトガルの家庭料理だったお菓子がハワイへと伝わったとされています。名前はポルトガル語で“大ざっぱ”の意味。作り方は日本の揚げパンに似ており、小麦粉とイーストなどを混ぜ合わせ、丸く成形発酵した後油で揚げます。仕上げに砂糖やシナモンで味付けをしてできあがり。ハワイが舞台の映画『ホノカアボーイ』の中でも頻繁に登場し、日本でも知られるようになりました。食感はふわふわ、モチモチ。

マリー・アントワネット【Marie Antoinette】

1789年のフランス革命前に、飢餓状態になっている民衆に対して「パンがなければお菓子を食べればいい」と言ったことで有名なフランスの王妃。ここでいう「お菓子」とは、当時フランスで高級なパンとされていたブリオッシュのことです。でも実際にマリー王妃がこのような言葉を言ったかどうかは定かではないようです。

まるあじ【まるあじ】

佐賀の銘菓「マルボーロ」をヒントにし、『久留米木村屋』が昭和10年に作りだした菓子パン。名前の由来は丸くておいしい味パンということから、元祖メロンパン「まるあじ」は誕生したそうです。

問（株）木村屋
2017年1月におしまれつつ閉店しました。

まんとう【饅頭】

小麦粉と酵母、水を混ぜて蒸したシンプルなパンで、生地の中には何も入っていません。肉や野菜などの具を入れたものは「包子（パオズ）」と呼ばれます。肉まんと餡まんを区別するために、餡まんの方には食紅を塗ることもあるそうです。

まんはったん【マンハッタン】

1974年発売、福岡のご当地パン。ニューヨークのマンハッタンで見つけた商品を参考に考案したためその名前がついたそうです。サクッとした食感の生地にチョコレートがかかっています。無性に食べたくなる味。マンハッタンは青春の味！という福岡県民は多いと思います。

問（株）リョーユーパン ｜ ☎092-596-3748

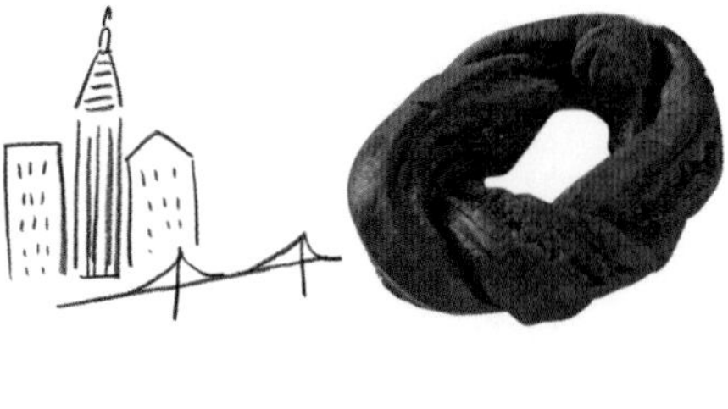

みーとぱん【ミートパン】

長方形に伸ばした菓子パン生地に、ひき肉のフィリングやシチューなどを入れて焼いたパン。見た目が豪華なのでパーティーなどに向くおもてなし用のパンです。少しずつ切り分けてみんなでいただきます。

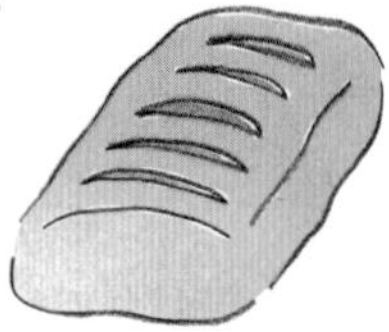

ミキサー【mixer】

材料を投入して自動的に混ぜてくれる機械。多くのパン屋さんでは縦型ミキサーが一般的に使われており、他にも用途に応じてさまざまな種類があります。しかし、家庭でパンを作る時はミキサーの力を借りずに手でこねることになります。粉だったものがこねるにつれて段々とまとまった生地になり、表面が赤ちゃんのほっぺたのようになめらかに、最後にはうっすらグルテン膜が見えてくる……この感動！　生命の息吹を感じます。この一連の作業をミキサーが代わりにやってくれているのです。

みそぱん【みそパン】

ごくたまに見かけるパンかと思いきや、群馬県ではソウルフードとして親しまれており、ほとんどのパン屋さんで販売されているそうです。フランス風のパンに、甘味噌を挟んだものが定番。全国的にみると、メロンパンにみそを練り込んだもの、蒸しパン風のものなどさまざまあります。

みっくす【ミックス】

パン生地を分割する時に出た余り生地をいくつか固めて焼いたパン。菓子生地、デニッシュ生地、食パンの生地などランダムに混ざっており、噛むごとに違う食感が味わえます。ひとつとして同じパンがないので、好きな組み合わせのミックスを見つけても、再び出合える可能性は低いです。全体的にずっしりと食べ応えがあり、お得感満載のパン。置いているお店は少ないですが、見かけると必ず買います。東京・千駄木の『パリットフワット』では、「クレヨンパン」という名前で販売されていました。

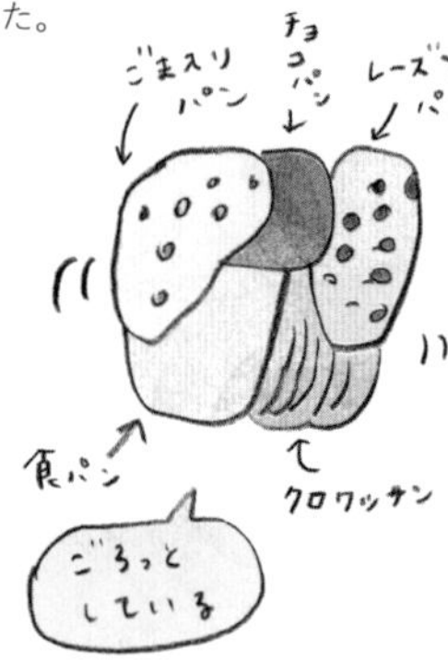

みつぱん【蜜パン】

『三国志』で有名な小説家、吉川英治さんが好んだとされるパン。食パンに黒蜜をつけたもので、よい黒蜜がないかと探したあげく老舗のくず餅屋である東京・亀戸の『船橋屋』さんを見つけました。くず餅ではなく黒蜜だけを分けてもらっていたそうですが、それも申し訳ないということで船橋屋さんの看板を書くことになりました。いまでもその看板はお店に飾っているそうです。

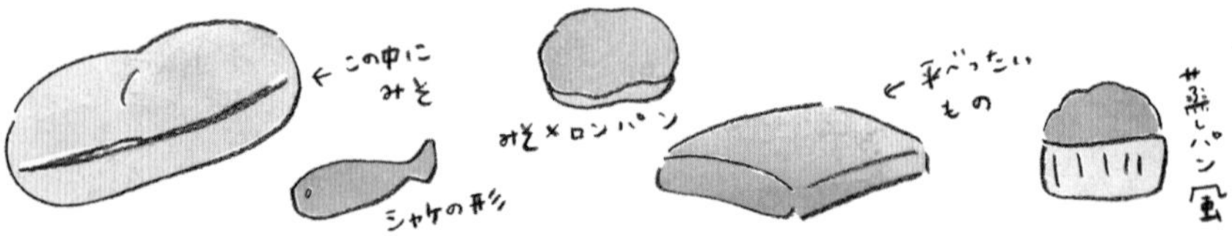

みみ【耳】

食パンのこの部分のこと。子どもの時は苦手だったけど大人に近づくにつれて、好きになってくる。むしろ耳がないと、食パンを食べた感じがしなくなってきます。東海林さだおさんの『パンの耳のまるかじり』（文春文庫）で、学校給食用のパンの耳について「（児童たちに）我慢を教えるために食パンの耳はあるのだ」と書かれていたのを読んでなるほど〜と思いました。

みるくぱん【ミルクパン】

通常、粉に水を混ぜて作るパンを牛乳にしたものをミルクパンといいます。しかし、長野県周辺のパン屋さんで販売されている「牛乳パン」と呼ばれるパンは、ソフトなパン生地（四角いことが多い）にホワイトクリームが挟まったものを指すそうです。お店それぞれのレトロなパッケージが乙女心をくすぐります。

みるくふらんす【ミルクフランス】

フランスパンに練乳クリームを挟んだパン。硬めのパンを噛むと甘くてやわらかいクリームが出てくる、その食感の対比がポイント。細長い棒の形をしているので、移動中にも食べやすく小腹が空いた時に便利です。家でどっしり構えて食べるというより、ラフな気持ちで臨みたいパン。たっぷりと練乳クリームが入っているので、噛んだ時にクリームがはみ出てこないように要注意。

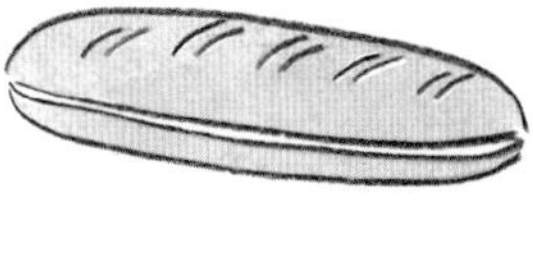

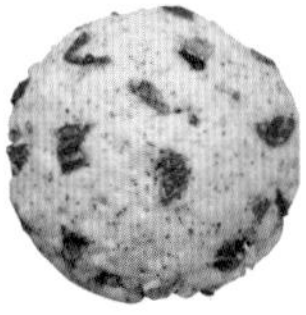

むしぱん【蒸しパン】

①小麦粉、砂糖、水、重曹（ベーキングパウダー）を混ぜて蒸し器で蒸したパン。鎖国時代でも唐人との交流は続いていた長崎では、小麦粉に甘酒を加えて作る唐風蒸しパンを盛んに作っていたようです。 ②三重県『月の温』が作る蒸しパンは、“ひとつのものをみんなで分け合って食べる”という意味で、大きな丸い蒸しパンを8等分して販売しています。この考えはコンパニオン[→P76]にもつながるのだと思います。

ⓘ月の温 | http://tsukinoon.her.jp

むはっこうぱん【無発酵パン】

紀元前4000年頃、メソポタミアで発見された人類初めてのパンは、生地を発酵させずに焼く無発酵パンでした。平焼きパンともいいます。当時、小麦粉と水を煮てお粥を作っていたところ、焼石にこぼれてしまいました。焼けてかたまったものを食べてみると、意外とおいしい！　ということになり、それが今のパンの原型となりました。偶然が生んだ産物だったようです。

めりけんこ【メリケン粉】

明治初期、パンの需要が増え始めた頃にアメリカから輸入してきた小麦粉のことで、アメリカンの「ア」がとれてメリケン粉と呼ばれました。昔ながらのパン屋さんでは、今でも小麦粉のことを「メリケン粉」と呼んだりします。神戸にはメリケン波止場という埠頭もあります。

メルバトースト

【melba toast】

食パンを薄くスライスしてカリカリに焼いたトーストのこと。通常のラスクよりも薄く、体重を気にするオーストラリアのオペラ歌手、ネリー・メルバさんのために特別に作られたトーストということからこの名前になりました。ジャムやチーズを乗せていただきます。

めろんぱん【メロンパン】

みんなが知っている人気のパンですが、名前の由来が未だに謎のパンでもあります。メロンの形に似ているから、パン生地の中にメロン味のシロップを入れているから、メロンパンに似た「コンチャ」というメキシコのパンが元祖、「メレンゲパン」が訛ってメロンパンに……など諸説あります。さらに、関西ではアーモンド型で中に白あんが入ったものを「メロンパン」、丸いものを「サンライズ」と呼びます。広島の呉市にはメロンパンで有名な、その名も『メロンパン』というお店があります。

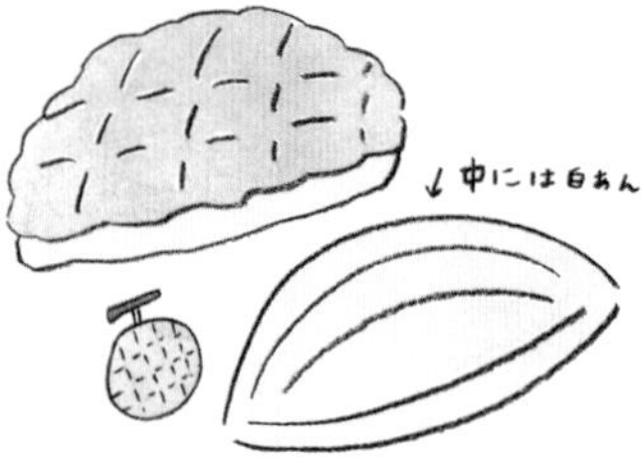

めんたいふらんす

【明太フランス】

福岡のパン屋さんでは比較的どこでも見かけるパン。辛子明太子屋さんでも販売していたりします。フランスパンを半分に切り、その間に明太バターを挟みます。もしくは、半分にスライスしてその上にのせます。サイズが大きいので、半分残して後で食べようと思うのですが、いつも最後まで食べきってしまう油断ならないパン。

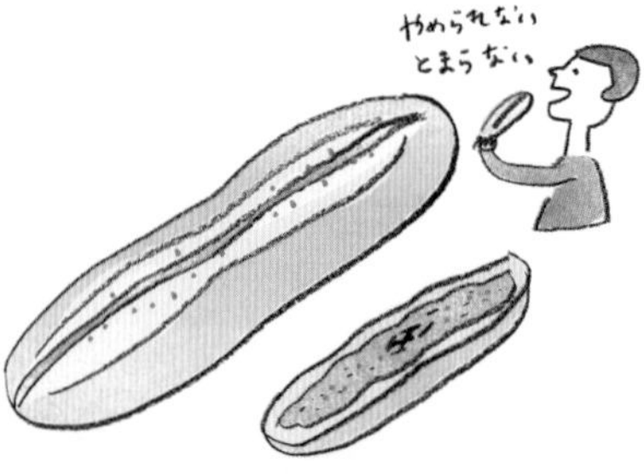

モーンプルンダー

【Mohnplunder】

ドイツでは定番の菓子パン。モーンは“黒ケシ”、プルンダーは“壊れやすい”という意味があり、デニッシュのように崩れやすいことからこの名前がつきました。中には、モーンペーストと呼ばれる黒ケシの実を牛乳と砂糖で煮たものが練り込まれています。大きく焼いたものを切り分けて販売することが多いです。

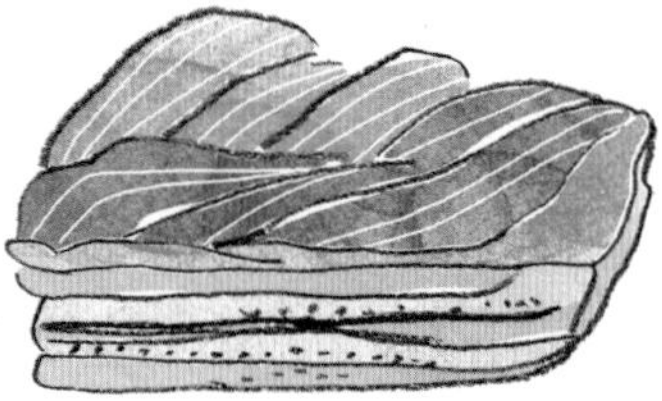

もくはんが【木版画】

おいしそうで艶かしいパンの姿、それが彦坂木版工房さんの作品を見た時の印象でした。パンならではの色ムラや香ばしさが、細かい部分まで表現されており、まるでパンが目の前にあるようでした。浮世絵の技法である木版印刷を用い、一枚ずつ丁寧に摺っていきます。木版画はその時の気温や湿度によって色ののり方が変わるそうなので、その点もパンと似ていますね。

ⓘ彦坂木版工房

彦坂有紀ともりといずみによる木版工房。日本の伝統工芸である「浮世絵」を広く知ってもらうために、展示、ワークショップ、出版物を通して木版画の普及活動を行っている。パン以外のモチーフも展開中。

http://www.hicohan.com

モチーフ【motif】

パンをモチーフにしたグッズを集めています。シール、便箋、ポストカード、本、ブローチ、オブジェなど、すべての分野において収集しているので、いつ何時パンのグッズが現れるかわかりません。したがってどんなジャンルのお店に行った時も目を凝らして店内を見てまわります。たまにフライングして文字面が似ている「はん」、「ほん」などを「パン」と見間違えてしまいますが。

モビール【mobile】

ゆらゆらゆれるパンのモビール。モビール作家よしいいくえさんの作品です。モビールとは、紙や木片などの素材を糸とワイヤーでバランスよく構成したオブジェ。パン好きのよしいさんがつくるパンのモビールは小さくてかわいい。すべてのパンがこの手のひらにおさまるようで嬉しくなるのです。

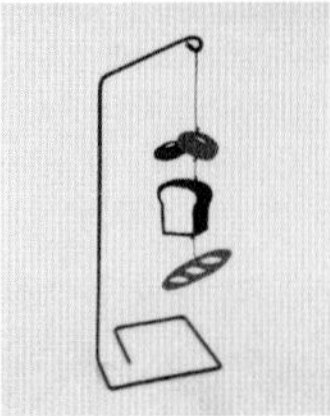

ⓘよしいいくえ
http://yoshiiikue.com

モルタデッラ・サンド【mortadella sand】

イタリアのボローニャ地方の伝統的なソーセージ、モルタデッラをポン・デ・ケージョ［→P146］風のパンで挟んだもの。元プロレスラーのアントニオ猪木さんがブラジルに住んでいた頃にこのサンドウィッチを食べ「何だこのうまいものは！」とびっくりしたそうです。

①

②

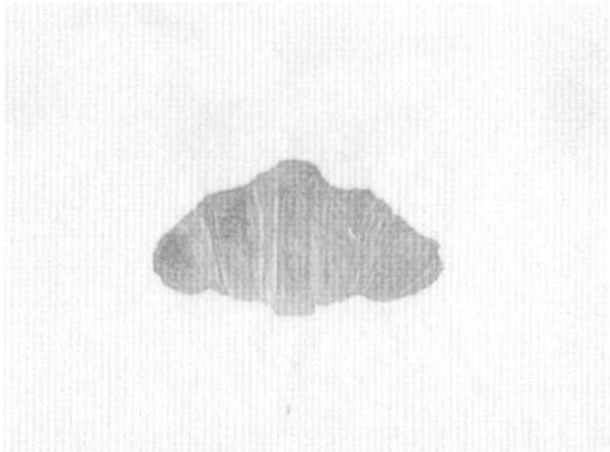

③

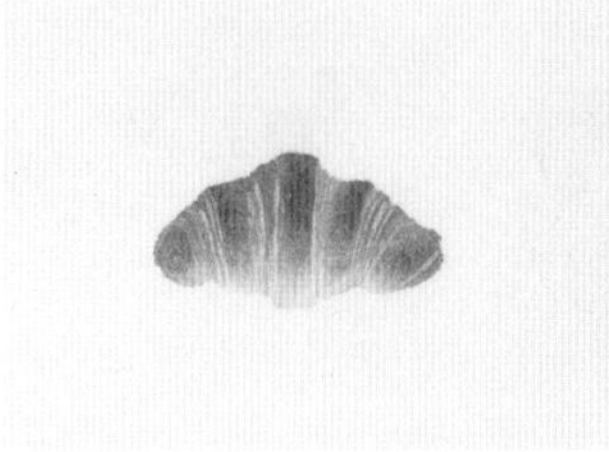

④

作品名「スイートクロワッサン」（2012年制作）まるでパンが焼き上がっていくようです。このようにパンの表情に合わせて版を分けて摺っていきます。

みち みち みち みち

や

やきあみ【焼き網】

パンを1分間でおいしく焼くことができる奇跡の網。京都・金網つじの初代当主・辻賢一さんが考えだしたもの。親子揃ってパン好きという家庭に育った賢一さんは、毎朝食パンを食べていました。職人として独立した数年後、「トースターで焼くパンは物足りないな」と思った辻さん。炭火と同じ効果があるセラミックの上に「焼き網」を置いたらどうかなと思いついたのがきっかけで、『セラミック付き焼き網』が生まれました。この焼き網で焼くと、外はカリッ、中はしっとり、おいしいパンはさらにおいしく、いまいちのパンもおいしくさせる不思議な遠赤外線の効果があります。

ⓘ高台寺 一念坂 金網つじ ｜ 京都市東山区
高台寺南門通下河原東入枡屋町362
☎075-551-5500

私の好きな
トーストの食べ方！

食パンは5枚切りがベストです。

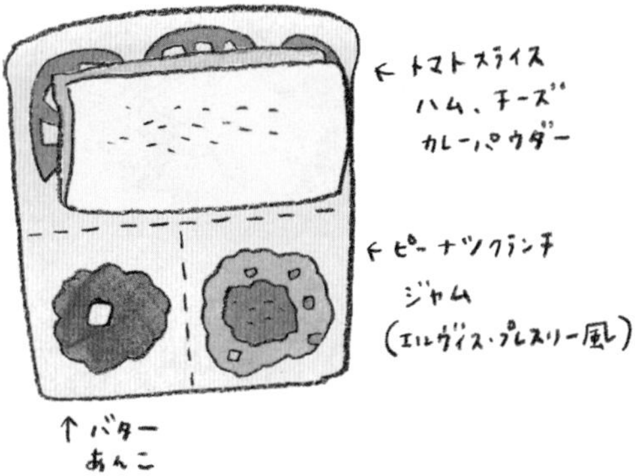

現在は息子の徹さんが、ひとつひとつ手作業で作っています。もちろん朝食はパン！ 好きなパンの食べ方は、ハム＋バター。シンプル イズ ベスト！

やきいん【焼き印】

オリジナリティを出すために食パンやあんパンなどに押す焼き印。ポイントがあるだけで目につきやすく親しみがわきます。昔ながらの渋いものからお洒落な筆記体、キャラクターものまでさまざまな種類があります。やわらかいパンに焼き印を押すのは難しく、焦げてしまうので何度か試してコツをつかむことが大切です。

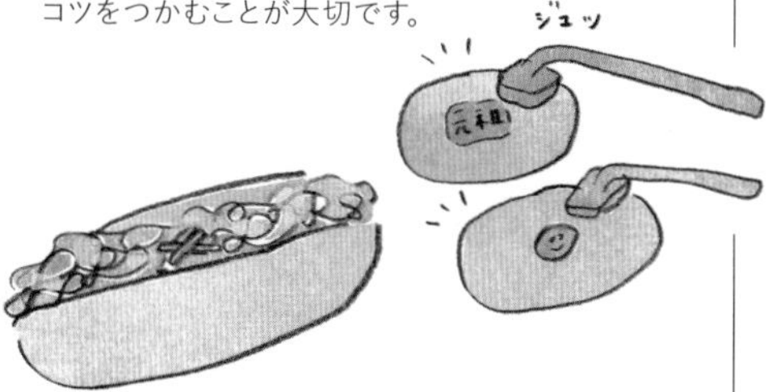

やきそばぱん【焼きそばパン】

1950年代の東京で生まれたとされる、コッペパンに焼きそばを挟んだ惣菜パン。縦に切り込みを入れて焼きそばを挟み、中央部分に紅しょうがを乗せて完成。無性に食べたくなるB級グルメ。歌手の川本真琴さんは『焼きそばパン』という曲を歌っていました。

やさい【野菜】

パン生地に練りこんだり、パンの上に乗せたり、挟んだりと、茶色いパンに彩りを与えてくれる存在。旬の野菜を使った創作パンを作るお店も多く、その時期にしか味わえないパンを見つけるのも楽しみです。

春…春キャベツ、新たまねぎ、えんどう豆など
夏…トマト、ナス、かぼちゃ、とうもろこし、など
秋…じゃがいも、さつまいも、にんじんなど
冬…ほうれん草、小松菜など

やまがたしょくぱん【山型食パン】

型にふたをせずに焼いたパン。上部が山のような形に膨らんでいることから、この名前になりました。ラウンドトップとも呼ばれ、ラウンドとは“丸い”という意味です。(類)イギリスパン、ティンブレッド（「ティン」という型を用いるため）(反)角型食パン

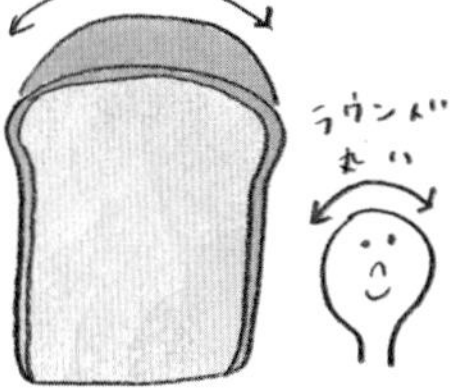

やまざき【ヤマザキ】

山崎製パン株式会社のこと。「薄皮ミニパンシリーズ」、「ランチパック」、「ナイススティック」などロングセラーの菓子パンをたくさん輩出しています。特にヒットしたのは、「ローズネットクッキー」というチュロスを編み込んだようなバラの形をしたパン。このパンひとつで一食分近くのカロリーにはなりますが、その分の満足感は確かにあります。

(問)山崎製パン（株）
お客様相談室
☎0120-811-114

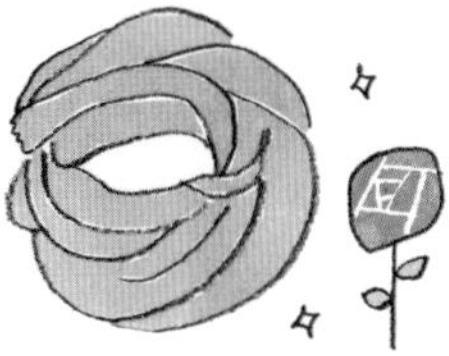

ゆがわら【湯河原】

温泉の町にあるパン屋さん、『ブレッド＆サーカス』のある場所。湯気がでているような焼きたての食パンをいただいたことがあります。ナイフがなかったのですが、できたてを早く食べたくて手でちぎってモグモグと食べました。この食パンを口にほおばった時、パンはやっぱり生鮮食品だなぁとあらためて思いました。

ⓘブレッド＆サーカス
神奈川県足柄下郡湯河原町土肥4-2-16
☎0465-62-6789

ゆるきゃら【ゆるきゃら】

名古屋に本社を置く中日新聞社出版部のマスコットキャラクター「中日パン子さん」。1942年の同出版部発足時から書庫に棲みついている山型食パンです。誕生の理由について、「パンは文化の薫りのする食べ物だから」と言い張り、"シュッパン部"の"パン"だとは認めようとしません。身長13cm、体重350g（食パン一斤分の重さ）、おでこのマークは「肉」ではなく中日新聞のマークです。ツイッター@chunichibooksで鋭意つぶやき中。

問中日新聞社事業局出版部 | ☎052-221-1714

ようかんぱん【ようかんパン】

パンの中にホイップクリームを挟み、上に羊羹を乗せている北海道のご当地パン。ロールパンやツイスト、コッペパンなど形はさまざまで、北海道内のスーパーやコンビニで購入できます。味は想像以上でも以下でもなく、想像通りに甘いです。

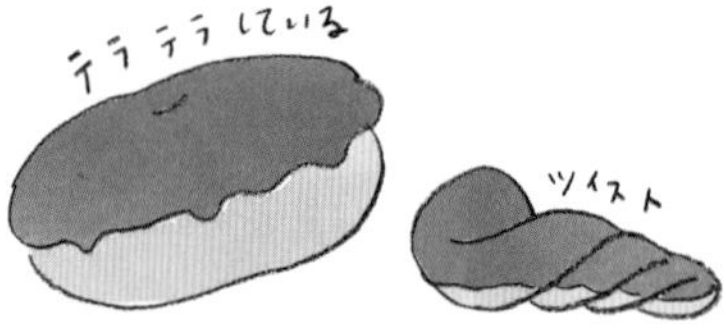

ようしゅ【洋酒】

洋酒に漬けられたレーズンやナッツ、ドライフルーツ。漬けてから1週間以上置いてから、ぶどうパンや、クリスマスに欠かせないお菓子であるシュトーレン、クグロフなどに使われます。ラム酒を使うことが多く、カスタードクリームに匂い付けに入れることがあります。パンを焼く時にアルコール分は蒸散するので、子どもたちも安心して食べることができます。

ヨウティヤオ【油条】

小麦粉と塩、重曹をこねて油で揚げた中国の揚げパン。生地を棒状に伸ばし、半分に折って揚げます。それを適当に切り分け、朝食時にお粥に添えていただきます。さっぱりとしたお粥に揚げパンがよく合います。搾菜もあれば最高。

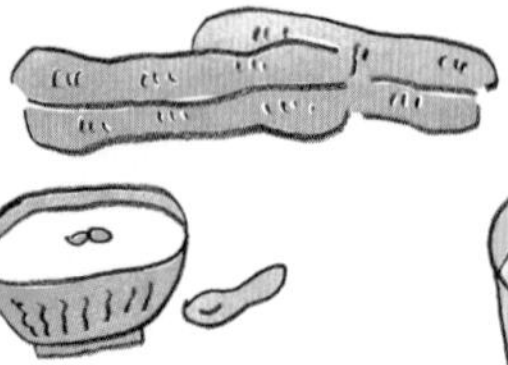

ヨーグルト【yogurt】

牛乳や乳製品を乳酸菌で発酵させた発酵食品。パン生地に入れることで、爽やかな風味がつき歯切れのよいパンに仕上がります。ヨーグルトを培養させてつくった酵母はヨーグルト酵母といい、パン作りに利用されることもあります。生地に入れずに、薄くスライスしたドイツパンにヨーグルトとジャムを乗せるだけでもおいしいです。

よびな【呼び名】

世界の人々が食すパン。呼び方もそれぞれあります。語源はラテン語のパニス（panis）からで、日本の「パン」はポルトガルのパン（pão）から由来しています。

京都のパン屋『東風《こち》』のこと

京都に住んでいた頃、パン屋を巡っては、味、種類、お店の様子などをメモしていた。それで何をするでもなくただ自分の記録として。

いつものようにパン屋巡りをしていたある日、左京区にある『東風』という小さなパン屋に足を踏み入れた。大きな机の上には、香ばしい匂いのする天然酵母のパンがいくつかのザルに入ってころんと並んでいた。すてきな風景だなと思った。パンを買い、お店を出て自転車に乗りながらパンをほおばった時、何故かとても幸せな気分になった。もちろん味が好みだったのもあるが（特にクロワッサン）、この喜びは店主さんの醸しだす雰囲気から来るものではと思った。パン作りから接客まで1人でやっているので作り手の味がダイレクトに伝わる。一見静かな様子のパンなのだが、噛み締めると力強いパワーを身体に感じた。作った人の顔が思い浮かぶようなパンだった。こんなパンが存在することにとても驚いて、これを作り出す人に話を聞きたいと思った。雑誌でお店の情報が載っていることはあったが、店主さん自身の詳しい話は載っていない。そこで取材という口実でパンのフリーペーパーを作ることにした。あてもないパンとの生活にピリオドを打った瞬間だった。パンそのものしか見えてない生活から、東風のお陰でパンの向こう側が少しだけ見えてきたような、そんな気分だった。

店主の森訓子さんは大阪生まれの京都育ち、もの作りを仕事にしたくてパンの道へ。京都と山梨のパン屋で修業し山梨で東風を開店。家の事情で4年後に地元である京都へ戻り、再び東風を開店。森さんはひとつひとつの言葉を丁寧に選び、しかしちょっぴりドジな愛らしい部分もあり、自らが作り出すパンのように味わい深い人だった。お話をお伺いした後、東風のパンも森さんもさらに好きになった。しかし、2012年9月、出産を機に9年続いたお店を突然閉店してしまう。これは大事件だった。「パン酵母を育てていたのが、この子に代わったような感じやなー」と愛娘・野乃花ちゃんを抱きながら森さんは言った。表情は以前にも増して柔らかくなっていた。パンへ注いでいた愛情が今度は娘さんへと代わっただけなのだなと思った。そして、京都に東風というパン屋があって本当によかったと思った。

（2020年京都・醍醐にて再開されました！）

やわ
やわ
やわ
やわ

ら

らいむぎ【ライ麦】

ヨーロッパ南東部を原産地として、小麦が育ちにくい寒冷地のロシア、ドイツ、北欧などを中心に、アメリカやカナダでも栽培されています。日本では北海道の一部で栽培されていますが、ほとんどは外国から輸入したライ麦を使っています。小麦よりも食物繊維が豊富でミネラル分も多く含むため、健康的なパンを作ることができます。

らいむぎぱん【ライ麦パン】

小麦粉のかわりにライ麦粉を使って焼いたパン。ライ麦粉にはタンパク質に含まれるグルテニンがないことからグルテンを形成することができません。その結果として、膨らみが悪いですがずっしりと重く中身が詰まったパンができあがります。小麦が育ちにくい寒冷地のロシア、ドイツ、北欧などではライ麦を栽培しパンに利用しています。
㊫黒パン、サワーブレッド

らうんどしょくぱん【ラウンド食パン】

丸いラウンド型に入れて焼いた食パンのこと。雨どい（「とよ」ともいう）に似た形から「トヨ型パン」ともいわれます。段々の模様は、“鹿の背中”という意味のドイツの伝統菓子レーリュッケンに使う型に由来しています。私がこのパンを初めて見かけたのは、とある道の駅でした。漬け物、野菜など並ぶ棚でこの丸形パンがずらりと並んでいるのが異色の光景でした。

ラスク【rusk】

硬くなったパンにバターと砂糖をつけて焼き直したもの。食パン、フランスパン、クロワッサン……使うパンによってサクサクのもの、ガリガリと歯ごたえのあるものなど食感はさまざまで、そのお店ならではの味を感じられるお菓子です。パンはあまり日持ちしませんが、ラスクは日持ちするのでパン屋さん巡りのお土産にちょうどよいのかもしれません。

ランチ【lunch】

午後からの仕事を頑張るためにもランチは欠かせません。しかし、時間がなくてゆっくりランチタイムをとれなかった……そんな時にパンは役立ちます。スペースをとらないので作業机の端に置いてつまんだり、移動の途中にパクッと一口。落ちたパンくずは、アリやハトの餌にもなって一石二鳥。白ごはんを食べ過ぎると眠くなってしまいますが、お昼からパンを食べ過ぎることはないと思うのでその点でもオススメです。

リース【wreath】

お祭りやお祝いの時に飾られる輪の形をした装飾品。パン屋さんが舞台の映画『魔女の宅急便』では、店主のおじさんが主人公のキキをモチーフに作った愛情たっぷりのリースが登場します。日本でもクリスマスになるとパンを使ってリースが作られます。3つの長細い棒状の生地を編み込み、端同士をつないで輪にしてオーブンで焼成後、リボンやヒイラギなどをつけて玄関に飾ります。

リーン【lean】

小麦粉、酵母、塩、水の基本材料の他に、卵や油脂、砂糖などの副材料をほとんど使わないシンプルな材料で作ったパン。
㊦リッチ ㊫ハード系

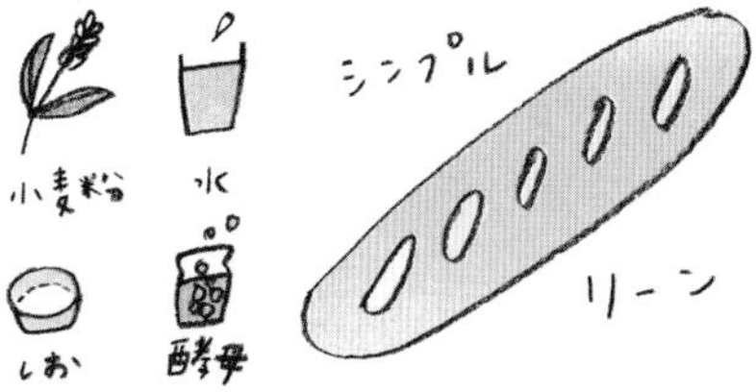

リッチ【rich】

小麦粉、酵母、塩、水の基本材料に加え、砂糖などの副材料をたっぷり使ったパン。リーンなパンよりも、日持ちがしやすいです。
㊦リーン ㊫ソフト系

りてぃるべーかりー

【リティルベーカリー】

製造販売を個人経営で行うパン屋さんのこと。
㊦ホールセールベーカリー

リュスティック【rustique】

“素朴な”という意味のパン。その名の通り、分割した後に丸めたり成形したりと手を加えずに発酵させて焼きます。外はパリッと、中はほどよい水分量、不揃いの気泡が特徴です。京都『klore』のリュスティックが好きでした。

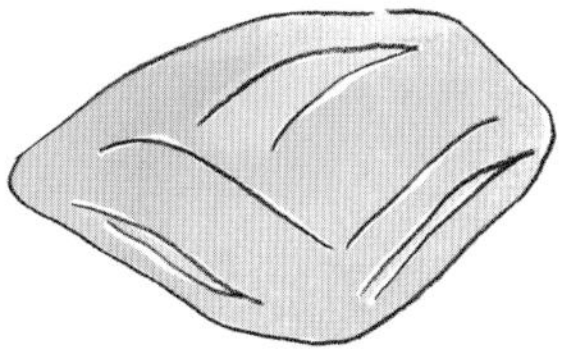

ルヴァン【levain】

フランス語で“発酵種”という意味。パン生地がふくらむ＝ルヴェ（lever）の派生語です。使用する種によって名前が変わります。

ルヴァン・ルヴール　levain levure
イーストを使って発酵させたもの
ルヴァン・ミクスト　levian mixte
残った生地を再利用するもの
ルヴァン・ナチュレ　levain naturel
ぶどうなどから起こした自家製酵母を使うもの

るぱん【ルパン】

le painと書くとパンになり、Lupinと書くと怪盗紳士のアルセーヌ・ルパンになります。

れいとうぱん【冷凍パン】

パンを焼き上げてから急速冷凍し、後日焼き戻して食べるパン。最終発酵まで終えたもの、半分だけ焼いたものなど冷凍しているタイミングはさまざま。輸入食品を扱うお店の冷凍食品コーナーでは海外のパンを袋詰めにしたものが売っています。冷凍かと思ってあなどるなかれ、意外とおいしい。でもすぐ硬くなってしまうので早めに食べましょう。

レイモン・カルヴェル

【Reymond Calvel】

フランス国立製粉学校の教授で、フランスパンを日本に広めた方。「フランスパンの神様」といわれています。

レーズンブレッド

【raisin bread】

やわらかいパン生地にラム酒漬レーズンを練り込んだパンで、食パン、ローフ、丸パンなどさまざまな形がみられます。パンに入れるレーズンの量もお店によって異なり、多いものはパンを割るとレーズンがボロボロとこぼれ落ちてくるほど。バターを塗ってトーストして食べるとさらにおいしいです。フランス語では「パン・オ・レザン（pain aux raisins）」と呼び、カスタードクリームとレーズンを巻き込んだうずまき形のパンのことを指します。

(類)ぶどうパン

れでぃ【レディ】

古代エジプトではパン作りは女性の仕事でした。英語の女性（lady）の語源は、パンをこねる人という古代ドイツ語からきています。

れもんぱん【レモンパン】

レモンクリームをソフトなパン生地で包み、上にレモン風味のビスケット生地を乗せた黄色いパン。レモンのような紡錘形をしたパンや丸いものがあります。黄色以外の見た目の雰囲気はメロンパンに似ています。

ろうか【老化】

パンが硬くなったり、パサパサになること。リッチなパンの老化はリーンなパンに比べると少し遅いです。老化速度は5°Cあたりで早まるので冷蔵庫にパンを入れることは御法度。当日食べられないパンは大事にラップで包んで冷凍庫にしまいましょう。

ろーど【ロード】

英語で“領主（load）”を意味する言葉。パンの持ち主、番人という古代ドイツ語からきています。

ローフ【loaf】

①パンの一塊のこと。みんなで切り分けて食べるような大きめのパンを指します。
②ミートローフの型で焼いたパン。

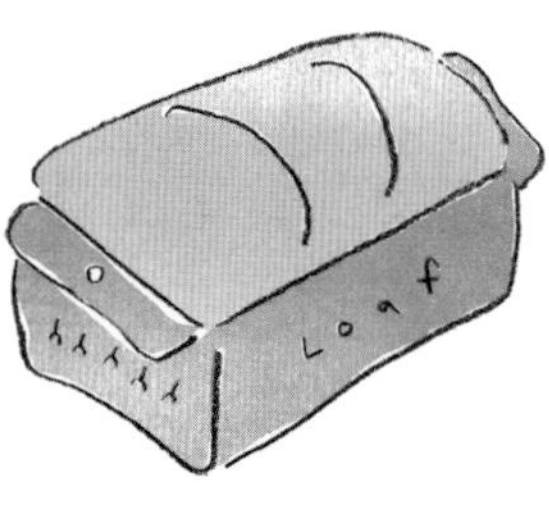

ろーま【ローマ】

古代ローマ時代はパン作りの技術が飛躍的に伸びた時期とされており、ローマ近郊のポンペイの遺跡からはパン用の粉挽き臼や窯も発見されました。窯の中にはパンも残っており、今は化石となって博物館に展示されています。

ろーるぱん【ロールパン】

小型パンのこと。生地を伸ばして巻き込んで(=roll)成形することからこの名前になりました。ソフトとハードタイプがあり、やわらかいソフト生地は成形の仕方によって名前が異なり、バターを入れたものは「バターロール」と呼ばれます。皮が硬いハードロールの代表は、オーストリアのカイザーゼンメル [→P48] とされています。

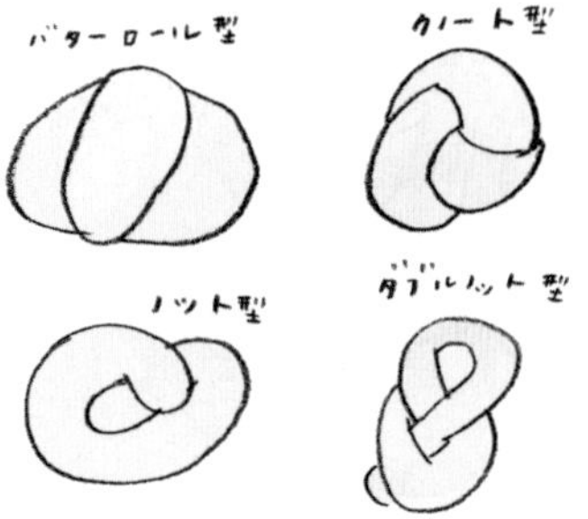

ろしあぱん【ロシアパン】

明治42年頃に大流行したパン。『新宿中村屋』が初めて売り出したとされており、ロシア人のパン職人を雇いお客さんに好評を得ていました。全粒粉で作った大型の直焼きパンで、やわらかく甘みがあったそうです。今でも見かけますが、大型でやわらかいパンという特徴は一緒ですね。

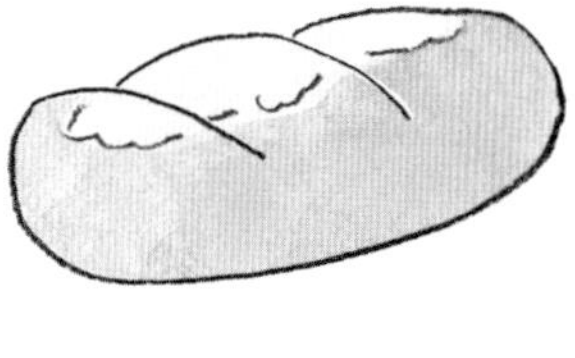

ロゼッタ【rosetta】

バラに似た形をしていることからその名前がついたイタリアの代表的なパン。5つの花びらで構成されており、空洞があいています。そこにサラダや具を詰め込んでサンドウィッチにして食べたり、チョコレートを詰めておやつにしたりします。変幻自在のかわいくて美しいパンですがトゲはありません。

ロッゲンブロート【Roggenbrot】

ロッゲンは“ライ麦”という意味で、ライ麦粉を90%以上使ったパンのこと。酸味が強くずっしりと重たいです。脂みのある料理やあたたかいスープとともにいただきます。

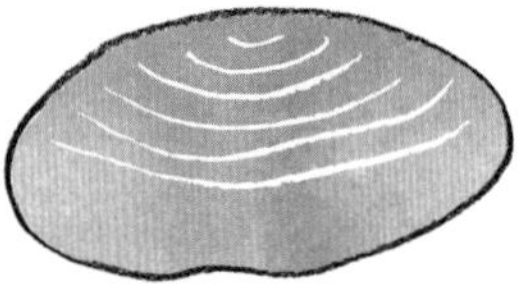

ロティ【roti】

インド北部で作られている無発酵パン。ロティはインドネシア語で「パン」のことで、チャパティ[→P98]よりも分厚いです。

ろてん【露店】

アジアや中近東などの地域では、市場や屋台でパンを販売するのはもちろんのこと、パンを持って売り歩く人がたくさんいます。頭の上に大きな板を乗せ何十個ものパンを運ぶ人、網のうえに焼きたてのパンをどんどん並べる人、注文を受けてその場でパンを焼く人などさまざまです。そのパンを買物帰りのお母さんやお父さんがその日の食事用として購入します。

ろばのぱん【ロバのパン】

昭和6年頃、札幌の『ロバパン石上商店』（現ロバパン）がロバに荷車をひかせてパンを売り歩いたことが始まり。昭和30年代になると、京都を中心にオリジナルの歌とともにロバに四輪馬車をひかせて蒸しパンの移動販売がはじまりました。今ではロバの存在はなくなり、車での販売になっています。

みんなで わいわいワイン会

ワイン【wine】

『とどろき酒店』で購入したワインを飲んだ時、ワインってこんなにみずみずしくてフレッシュだったっけ!?　と思いました。今までのワインのイメージは、「遠くの国の人が作った、落ち着いた味のお酒」といった上品なものでした。なので、この出合いはエポックメイキングな出来事。このワインは、自然な農法で作られたぶどうだけでできた“自然派ワイン”というものでした。轟木さんからワインにまつわるエピソードを聞いていると、ワインがとても近しいものに感じられ、遠い国の人だと思っていた造り手さんの顔さえも思い浮かんでくるようでした。

Ⓐ
カトリーヌ・エ・ピエール・ブルトン
ラ・ディレタント ムスティヤン
ブラン 2011（ペティアン）／白

カトリーヌ＆ピエールさん夫婦の造るワイン。このワインは奥さまのカトリーヌさんがシュナン・ブランというぶどうから造ったスパークリング。優しい泡立ち、豊かでジューシーな旨みを感じます。
＊ペティアン→弱発泡性ワイン

Ⓑ
リエッシュ
クー・ド・クゥー 2011／白

フランス・アルザス地方でリエッシュさん一家が営むドメーヌで造られたワイン。一家はもの静かで素直。育ちの良さが伝わってきます。ワインは非常にアロマティック、酸味やミネラルも隠し持っています。
＊ドメーヌとは、畑を持ちそのぶどうでワイン造りをする生産者のこと

Ⓒ
ファンキーシャトー
グリグリ 2011／ロゼ

生産地は山々に囲まれ美しい風景を残す長野県小県郡青木村。ラズベリーやチェリーのチャーミングな香り。フルーティーでごくごく飲んでしまいそうなやや辛口のワインです。

Ⓓ
マルセル・ラピエール
レザンゴーロワ 2012／赤

マルセル・ラピエールさんは、自然派ワインの礎を築いた偉大な造り手（2010年没）。このワインは、地元の畑で作られたぶどうで、イチゴやキャンディーを思わせる新鮮な赤い果実の香りがします。軽やかなタッチでスイスイ飲めます。

Ⓔ
ルイ・ジュリアン 2012
／赤

映画『未来の食卓』にも出演した、南フランス・ラングドッグ地方の小さなワイン生産者。このワインは村人達によってほとんど消費されているまさに「地ワイン」。旨みたっぷりですが軽快、コップでがぶがぶ飲みたくなります。

『基本のワインの楽しみ方』

1

事前準備　軽快なボディは冷やす、赤などの重厚なボディは高めの温度で、が保存の基本。（例外はあります）＊ボディ→味わいの豊かさ

2

注ぐ　グラスの一番ふくらんでいる部分の下あたりまで注ぐ。

3

見る　グラスの脚をもち、傾けて色合いを確認。こいつは色が濃い！　味も濃いのかな～？

4

嗅ぐ　鼻を近づけスワリング（グラスを回すこと）。回すと発酵由来のすてきな香りがする。

5

味わう　ワインを口に含み味わいを確認する。

『パンに合うワインを見つけよう！』

カタカナが多いワインの世界。まだまだ勉強が必要ですが、一番の近道はいろいろなワインを飲んでみること。パンとワインを囲んでみんなで意見を交わせてみてはいかがでしょう。

パン協力
ブーランジェリー パン・ストック
福岡県福岡市東区箱崎6丁目7-6
☎092-631-5007

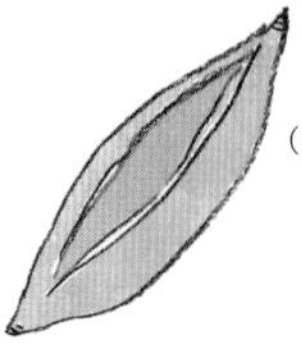

19世紀バゲット
（少量のイーストで長時間発酵のバゲット）
×
D マルセル・ラピエール
レザンゴーロワ 2012

プレーンなパンなので幅広くカバーするが、軽い赤が合わせやすいかな。スルスル飲めるワインとクセのないパン。飲み過ぎそうです（轟木）／お互い控えめながら相乗効果でよい具合の味わいに（保子）

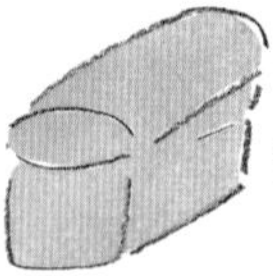

パン・ド・ミ フランス
（バターと牛乳たっぷりの食パン）
×
A カトリーヌ・エ・ピエール・ブルトン
ラ・ディレタント ムスティヤン
ブラン 2011（ペティアン）

やさしくやわらかいパンと、細やかな泡立ちでゆったりとした味わいのペティアンがぴったり。昼からだらだら飲めそうです（轟木）／私はBと。バターの風味と甘さがワインに溶け合って○（保子）

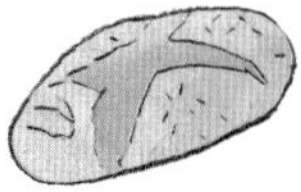

パン・ストック
（酸味の少ないライ麦パン）
×
D マルセル・ラピエール
レザンゴーロワ 2012

ワインは軽快でしなやかでフレッシュな酸がある。パンも酸がしっかりあり、寄り添う感じ。この酸は肉が欲しいね（轟木）／どんな料理にも合いそうだけれど、今回のワインの中からはピッタリなものを見つけるのが難しい！（田中）

木の実とホワイトチョコのパン
×
B リエッシュ
クー・ド・クゥー 2011

ワイン自体に個性があり、ゲヴェルツトラミネールの甘い香りとリースリングの酸が特徴。ホワイトチョコの甘味と相性よく、酸が甘味を切る。木の実の食感もアクセントでよい（轟木）／いろんな要素を持っているパンなので、合うワインにも幅がある。A・D・Eにも合う（田中）
＊ゲヴェルツトラミネール、リースリングはぶどうの名前です。

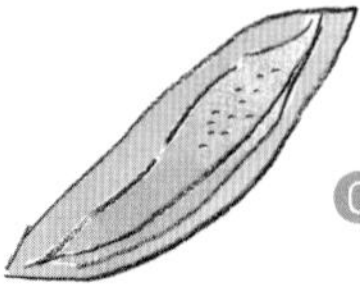

明太フランス
×
C ファンキーシャトー
グリグリ 2011

明太の味がしっかりあるパンに涼しい香りをもつドライなロゼがぴったり。ワインのアフターにあるほろ苦さが心地よい♪（轟木）／赤ワインは磯の香りと反発しあって×（田中）／赤はあまり合わない～（保子）

ドイツロール
×
E ルイ・ジュリアン 2012

パンは少し甘みがあり、ワインは果実味たっぷりのルイ・ジュリアンと。フルーツの甘味を感じるワインと合わせるとよい感じです（轟木）／どれかというとBだけど、パンのやさしさにワインが勝っている気がした（田中）

轟木 渡　とどろき・わたる
『とどろき酒店』代表取締役。気になる造り手は国内外問わず会いに行く。年に一度は、フランス、イタリアに渡航。音楽、器、パンなど異業種と一緒に楽しい酒の場を作っている。

左から）みんなでワイワイ。田中美佳さん（とどろき酒店）、仙頭竜太さん（『土佐しらぎく』杜氏）、轟木さん一家（渡さん、虎ノ介くん、保子さん）、池田麻衣子さん（デザイナー）

ⓘとどろき酒店　福岡市博多区三筑2丁目2-31　☎092-571-6304

索引 INDEX

参考文献

『パンの図鑑』井上好文監修／
毎日コミュニケーションズ
『パンの事典』井上好文監修／旭屋出版
『知識ゼロからのパン入門』
日本パンコーディネーター協会監修／幻冬舎
『発酵食品の科学』坂本卓著／日刊工業新聞社
『食事史』山本千代喜著／竜星閣
『困ったときのポケ・ナビ』
パン食普及協議会PR委員会監修／パン食普及協議会
『ゴパンの本』荻山和也／晋遊舎
『フィリップ・ビゴのパン―L'Amour du Pain』
フィリップ・ビゴ著／柴田書店
『パンづくりの科学 パンの「なぜ?」に答える』
吉野精一著／誠文堂新光社
『パンの百科』締木信太郎著／中公文庫
『パンの文化史』締木信太郎著／中央公論社
『コムギの食文化を知る事典』
岡田哲編集／東京堂出版
別冊家庭画報『パンが好き！』世界文化社
『パンの歴史』
ウィルヘルム・ツィアー著　中澤久監修／同朋舎出版
『人気店の天然酵母パンの技術―レーズン種、
フルーツ種、小麦種、酒種…で作るパンの技術』
旭屋出版編集部／旭屋出版
『Good day Good bread　パンの本』
山崎製パン株式会社編集・発行
『ロバのパン物語』南浦邦仁／かもがわ出版
『アジアンブレッド―素朴な粉のおいしさを味わう』
中道順子著／グラフ社
『鉄人のサンドイッチ読本』坂井宏行著／中公公論社
『世界たべものことわざ辞典』
西谷裕子編集／東京堂出版
『ナチュラルチーズ事典』大谷元監修／日東書院本社
『スパイスなんでも小事典』
日本香辛料研究会編集／講談社
『食べ物が語る香港史』平野久美子著／新潮社
『香港路地的裏グルメ』池上千恵著／世界文化社
『ワイン「楽しみ方」の基本』君嶋哲至著／池田書店

おわりに

この本を作っていると、頭がパンでパンパンになりました。
四六時中パンのことを考えて、食事もパンで、
まるで自分自身もパンになってしまったかのような気分です。
いまから約20年前、わたしはパンに興味を持ち
パン屋さん巡りをするようになりました。
パンについて何もわからずパンを食べる毎日。
パンを食べ続けていると、
次第にその向こう側にいる作り手の顔が浮かんできました。
人の手で作り出したパンだからこそ、
その人らしい味がすることが分かってきました。
それは私にとって発見で、
パンの1番面白い部分かもしれないと思いました。
この本を手にとってくださった方にも、
そんな楽しみを見つけて味わっていただきたいなと思います。
最後に、本の制作にあたり誠文堂新光社の古池さん、
ウチカワデザインの内川さん、和田さん、
パン・料理研究家の荻山さんをはじめとして
本当にたくさんの方々にお世話になりました。
ありがとうございました。
そして10年前に出版したこの本が、この度めでたく「第2版」として
再び歩き始めました。
数ある本の中から奇跡的にこの本を手にとってくださった
読者のみなさまに心から御礼申しあげます。
これからも愉快なパン生活を。

ぱんとたまねぎ
林舞

著者　ぱんとたまねぎ／林 舞（はやし まい）

1983年福岡県北九州市生まれ。イラストレーター、デザイナー。パン愛好家。パン好きが高じて京都に移り住み、2006年パンにまつわるフリーペーパー『ぱんとたまねぎ』を発酵（＝発行）と共に活動開始。2021年福岡市博多区にテキスタイルメーカーMaison HAKOSHIMA開店。その企画運営にも携わり店舗でたまにパンのイベントも開催している。『ぱんとたまねぎ』は、“あなたと一緒ならパンとたまねぎだけの貧乏暮らしでかまわない”というスペインのプロポースのことばです。
http://www.pantotamanegi.com

監修　荻山和也（おぎやま かずや）

パン・料理研究家。粉からのパン作りに魅せられて、パン研究家の第一人者である竹野豊子氏に師事。ヨーロッパを中心に、製パン学校への留学経験多数。現地で習得したパンを、家庭で簡単に作ることのできるレシピにアレンジし、自らの教室や、著書にて発表し、好評を博している。手捏ねパン以外にも、ホームベーカリーを使ったレシピ本では、今までに無い絶妙な配合で、特に人気が高い。『ホームベーカリーBOOK』（グラフ社）、『ホームベーカリーで作るからだにやさしい本格ハードブレッド』（講談社）他、著書多数。　http://breadpark.exblog.jp/

イラスト　林 舞
撮影　瀧本加奈子 [P32、P33、P158]
林 穂高 [P46、P50【堅パン】商品、P54【亀井堂】、P66、P71【健康パン】、P80【皿（コンガリ舎）】、P87、P98、P103、P109、P110、P112、P121、P131、P142、P151【マンハッタン】、P169、P170、P171]
林 舞 [P20、P37、P43【おかあさんのパン】、P50【堅パン】人物、P52、P56【カンパーニュ】、P60、P71【消しゴム】【ゲストハウス】、P78、P81、P88、P94、P100、P106、P108、P125【判子】、P134、P135、P145、P148、P151【まるあじ】、P153、P156、P162]
デザイン　内川たくや、和田美沙季（ウチカワデザイン）
編集　古池日香留

パンにまつわることばをイラストと豆《まめ》知《ち》識《しき》でおいしく読《よ》み解《と》く

パン語《ご》辞《じ》典《てん》 第《だい》2《に》版《はん》

2013年10月20日　第1版　発　行　　NDC596
2018年 9 月15日　　　　第5刷
2023年10月10日　第2版　発　行

著　　者　ぱんとたまねぎ
発 行 者　小川雄一
発 行 所　株式会社 誠文堂新光社
〒113-0033 東京都文京区本郷3-3-11
電話 03-5800-5780
https://www.seibundo-shinkosha.net/
印 刷 所　株式会社 大熊整美堂
製 本 所　和光堂 株式会社

ISBN978-4-416-62372-5